Das Phänomen Pädophilie

von

Christian Brandt

Tectum Verlag
Marburg 2003

Brandt, Christian:
Das Phänomen Pädophilie
/ von Christian Brandt
- Marburg : Tectum Verlag, 2003
ISBN 978-3-8288-8557-8

Tectum Verlag
Marburg 2003

1. Vorwort

Liebe Leserin, lieber Leser.

Sie halten nun die Veröffentlichung meiner Diplomarbeit des Studienganges Außerschulisches Erziehungs- und Sozialwesen an der Universität Siegen in der Hand. Es hat ein paar Jahre gedauert und es mussten viele Seminare und Vorlesungen besucht, eine Menge Scheine und Prüfungen absolviert werden, damit dieses Ziel erreicht werden konnte, aber es ist bewerkstelligt.

Diese Arbeit widme ich im Gedenken meinem verstorbenen Vater Herrn Prof. Dr. Uwe Brandt, nicht dass er etwas mit dem Thema zu tun gehabt hätte, sondern einfach nur in Erinnerung an ihn und in der Hoffnung dass er zu Lebzeiten mit diesem Ergebnis zufrieden gewesen wäre.

Des Weiteren möchte ich allen Menschen danken, die mich bei meinem Studium unterstützt, gefördert, motiviert und mir den Kopf „gewaschen" haben, ich habe dies alles wirklich gebraucht. Da ich nicht alle Menschen aufzählen möchte, es würde auch den Rahmen des Vorworts sprengen, sei an dieser Stelle explizit noch mal meine Familie erwähnt, die mir dieses Studium überhaupt ermöglicht und mich immer wieder mit den notwendigen Inputs versehen hat. Außerdem sei noch Herr Prof. Dr. Manfred Heck genannt, der mir ebenfalls bei der Erstellung dieser Arbeit sehr geholfen hat. Meine Stelle bei Ihnen als Ihre studentische Hilfskraft hat mich sehr motiviert, sei es bezogen auf die Endphase meines Studiums oder auch mit meinen Schwerpunkten im Fach Psychologie und mit dem Thema der Diplomarbeit.

Auf diese Thematik bin ich im Rahmen meiner ehrenamtlichen Tätigkeit bei dem größten katholischen Jugendverband in Deutschland gestoßen worden. Der Grund dafür war ein neuer Gruppenleiter, bei dem sich durch Medienberichte nach kurzer Zeit herausstellte, dass er pädosexuelle Neigungen hat und sich deswegen schon vor Gericht verantworten musste und zu dem Zeitpunkt aktuell wieder angeklagt war. Dieses war ein schwerer Schock für die Gruppe, wie auch für die Leiter, mit denen er zusammenarbeitete und hat dafür gesorgt, dass ich mich mit dem Thema auseinandersetzte und nun sogar diese Arbeit dazu geschrieben habe. Traurigerweise hat das Rechtssystem selbst zu dem Zeitpunkt nicht durchgegriffen, so dass ein paar Monate später wieder von erneuten pädosexuellen Handlungen berichtet wurde. Für den interessierten Leser sind im Anhang die dazugehörigen Internetadressen von den Zeitungsartikel der Lokalpresse zu finden; diese dokumentieren sehr ausführlich den beschrieben Fall.

Weiterhin danke ich den Erfindern und Entwicklern der Computerbranche und der Textverarbeitung, dieser technische Fortschritt hat meine Arbeit im Endeffekt sehr erleichtert, auch wenn ich dieses ab und an sehr bezweifelt habe.

So, nun aber genügend persönliche Worte im Vorwort, ich wünsche viel Vergnügen beim Lesen dieser Diplomarbeit und hoffe, dass sie verständlich, inhaltlich korrekt und vom Thema und Schreibstil für den Leser interessant geschrieben ist.

Christian Brandt

2.   Inhaltsübersicht

1.	Vorwort	3
2.	Inhaltsübersicht	5
3.	Einleitung	7
4.	Was ist Pädophilie?	9
4.1.	Definitionen	9
4.1.1.	Lexika	9
4.2.	Medizinische und psychologische Definitionen	12
4.2.1.1.	DSM IV	13
4.2.1.2.	ICD 10	15
4.2.1.3.	Vergleich ICD-10 und DSM-IV	16
4.3.	Begriffsproblematik	17
5.	Pädosexuellenbewegung in Deutschland	19
5.1.	Exkurs ins antike Griechenland	20
6.	Rechtliche Aspekte	23
7.	Wie entsteht Pädosexualität?	31
7.1.	Hirnforschung	31
7.2.	Psychoanalytischer Ansatz	32
7.3.	Ansatz der sozialen Lerntheorie	33
7.4.	Vier-Faktoren-Modell nach Finkelhor	34
7.5.	Weitere Erklärungsmodelle	35
8.	Erkennungsmerkmale von Pädosexuellen	37

9.	Umgang mit Pädosexualität in der Gesellschaft	41
9.1.	Sextourismus	42
9.2.	Kinderpornografie	44
9.3.	Aktuelles Beispiel anhand der Katholischen Kirche Deutschland	48
10.	Selbstdarstellung von Pädogruppen	53
11.	Schädigung der Betroffenen	59
11.1.	Psychosomatische Symptome	59
11.2.	Psychotische Symptome	61
11.3.	Soziale Folgeerscheinungen	62
11.4.	Gesellschaftliche Auswirkungen	64
12.	Präventionsarbeit	65
13.	Schlussbemerkung	69
14.	Literaturverzeichnis	71
15.	Anhang	79

3. Einleitung

Das Ziel dieser Arbeit ist nicht eine vollständige Klärung des Phänomens Pädophilie, da dieses nicht wirklich gelingen kann, es hat primär den Anspruch Aufklärungsarbeit zu betreiben, den aktuellen Diskurs darzustellen und dem Problem aus unterschiedlichsten Blickrichtungen zu begegnen und dieses wissenschaftlich darzustellen.

Zwei Betrachtungsweisen durchlaufen diese Diplomarbeit: zum einen die der psychologischen Aspekte und zum Zweiten die Frage nach den sozialpolitischen Aspekten. Außerdem wird versucht möglichst aktuelle Geschehnisse und Diskussionen mit zu berücksichtigen und einzubringen.

Den Leser erwartet bei dieser Arbeit erst eine definitorische Klärung des Begriffs und eine Einordnung in die beiden Klassifikationssysteme von psychischen Störungen und Verhaltensauffälligkeiten DSM IV und ICD-10. Dann wird kurz, in Verbindung mit einem Exkurs in die Antike, dargestellt, wie sich Pädophilie in Deutschland entwickelt hat. Im Anschluss daran geht der Verfasser auf die rechtlichen Aspekte ein. Die folgenden Kapitel handeln von unterschiedlichen Erklärungsmodellen nach der Entstehung von Pädophilie und gehen der Frage nach, ob und wie ein Pädosexueller erkannt werden kann. Danach wird es um den Umgang mit dem Thema in der Gesellschaft gehen und die Selbstdarstellung von Pädosexuellen, bevor auf die daraus resultierenden Schädigungen eingegangen wird. Ein weiteres Kapitel beschäftigt sich mit präventiven Maßnahmen. Am Ende dieser Arbeit sind die wesentlichen Ergebnisse dieser Arbeit und einige abschließende Kommentierungen enthalten.

Bemerkenswert war bei den Recherchen die Bedeutung des Internets. Da es nicht wirklich allzu viel Literatur, zumindest aktuelle, zum

Phänomen Pädophilie gibt, ist das Internet bei der Erstellung dieser Arbeit von größter Bedeutung gewesen. Als Beispiel sei an dieser Stelle nur das Fachbuch „Die Krankheitslehre der Psychoanalyse" von Wolfgang Loch[1] erwähnt, in dem die Diagnose Pädophilie nicht einmal erwähnt wird.

---

[1] Vgl. Loch 1999

4. Was ist Pädophilie?

Zunächst soll als Grundlage der folgenden Untersuchung der Begriff Pädophilie möglichst eindeutig geklärt werden. Der Terminus ist in der Literatur recht uneinheitlich definiert, so dass im weiteren Verlauf des Abschnitts diverse Definitionen dargestellt werden und eine definitorische Eingrenzung vorgenommen wird. Weiterhin wird auch der Begriff des sexuellen Missbrauchs erklärt und von der Pädophilie abgegrenzt, da die beiden Begriffe eng zusammenhängen.

Im letzten Abschnitt dieses Kapitels wird auf eine gewisse Begriffsproblematik eingegangen und erklärt, warum im weiteren Verlauf der Arbeit von dem Begriff der Pädosexualität die Rede ist.

4.1. Definitionen

4.1.1. Lexika

In den heutigen Lexika wird der Begriff wie folgt definiert, zum einen als „[sexuelle] Zuneigung Erwachsener zu Kindern od. Jugendlicher beiderlei Geschlechts"[2] oder grundsätzlicher als „sexuelle Neigung zu Kindern und Jugendlichen"[3]. Bei diesen genannten Definitionen sind bereits wesentliche Unterschiede zu erkennen. Zum einen ist bei der ersten Definition nicht unbedingt eine sexuelle Zuneigung erforderlich und zum anderen kann aus der zweiten Definition nicht davon ausgehen werden, dass es sich ausschließlich um eine Neigung von Erwachsenen zu Kindern handelt, es kann auch eine Neigung zwischen Kindern gemeint sein. In folgender Definition dagegen gibt es neben der Begriffsklärung noch weitere Informationen, die deutlich in die

---

[2] Duden Fremdwörterbuch 1990, S. 564
[3] Meyers großes Taschenlexikon Band 16, S. 216

Richtung der Straftat zielen: „Pädophilie, Bezeichnung für das sexuelle Interesse erwachsener Männer oder Frauen, das sich auf Kinder und Jugendliche richtet. Gesellschaft und Recht schützen Kinder und Jugendliche vor Pädophilie, weil Erwachsene ihnen körperlich, finanziell und in ihrer Überzeugungskraft meist stark überlegen sind und weil viele Kinder und Jugendliche aus Angst, Unsicherheit oder Hilflosigkeit zu sexuellen Handlungen gedrängt werden können, die sie nicht wollen und die ihnen schaden (Schutzalter, Sextourismus, sexueller Missbrauch). Menschen mit pädophiler Sexualität dürfen diese nur in Rollenspielen mit anderen Erwachsenen straffrei ausleben"[4]. Bei dieser Erklärung ist bereits vom sexuellen Missbrauch und von Strafe, also von Gesetzen die Rede. Auf die rechtliche Situation wird zu einem späteren Zeitpunkt eingegangen[5]. Der Begriff des sexuellen Missbrauchs ist wie folgt definiert: „sexueller Missbrauch, Sammelbezeichnung für sexuelle Handlungen, die sich gegen Kinder und Jugendliche (Schutzalter) oder andere Menschen, die rechtlich benachteiligt sind, wenden. Strafrechtlich unterscheidet man zwischen sexuellem Missbrauch von Kindern (§176 Strafgesetzbuch, Abkürzung StGB), von Jugendlichen (§182 StGB), von Schutzbefohlenen (§174 StGB), durch Amtsträger (§174b StGB) und von Gefangenen und Kranken (§174a StGB)"[6]. Eine weitere interessante Verquickung von Begriffen ist der Verweis auf den Begriff der Päderastie „[griechisch] Pädophilie im weiteren Sinne Ephebophilie Knabenliebe, das erotisch-sexuelle Verhältnis zwischen einem erwachsenen Mann und einem etwa 12-18-jährigen männlichen Jugendlichen; zu unterscheiden von der Neigung Erwachsener zu noch nicht geschlechtsreifen Kindern (Pädophilie). Die Päderastie ist eine besondere Form der Homosexualität. In der Antike (wie auch in anderen Kulturkreisen) war die Päderastie auch bei heterosexuellen und verheirateten Männern verbreitet, wobei insbesondere der pädagogische Wert des Verhältnisses zwischen dem Gereiften und dem Reifenden betont wurde (pädagogischer Eros)"[7]. Bei dieser letzten Definition lässt sich bereits erkennen, dass es anscheinend in allen zeitlichen Epochen der Geschichte sexuelle Handlungen von Erwachsenen mit Kindern gegeben hat. Der wesentliche Unterschied zur heutigen Zeit ist häufig, dass dieses da-

---

[4] © Bibliographisches Institut & F. A. Brockhaus AG, 2001
[5] Vgl. Kapitel 6
[6] © Bibliographisches Institut & F. A. Brockhaus AG, 2001
[7] © 2000-2002 wissen.de GmbH , München

mals fast immer gesellschaftlich akzeptiert wurde und heute als Straftat betrachtet wird.

Ursprünglich stammt der Begriff Pädophilie aus der griechischen Sprache und setzt sich aus „paidos = Kind und philia = Liebe"[8] zusammen. Wörtlich übersetzt heißt es also Kinderliebe, in dem Kontext muss noch erwähnt sein, dass damit die Liebe einschließlich des sexuellen Verlangens von Erwachsenen zu Kindern und nicht Liebe von Kindern bedeutet. Im Sinne einer sexuellen Kind-Erwachsenen-Beziehung wird der Terminus erstmals 1886 in der Monographie „Psychopathia sexualis" von Richard von Krafft-Ebing[9] verwendet.

In der Fachliteratur gibt es leider keinen einheitlich definitorischen Umgang mit dem Begriff „Pädophilie". Einige Autoren bezeichnen jeden sexuellen Kontakt Erwachsener mit Kindern als pädophil, andere verwenden den Begriff nur für die Erwachsenen, deren Interesse sich ausschließlich auf Kinder richtet. In dieser Arbeit wird der Begriff der Pädophile bzw. später der, der Pädosexualität im zweiten Sinne verwendet.

Ein weiterer Aspekt ist die Abgrenzung der Begriffe des sexuellen Missbrauchs und der Pädophilie von einander. Auf der einen Seite ist es offensichtlich, dass jede pädophile Handlung mit einem sexuellen Missbrauch einhergeht, da das Opfer in jedem Fall ein Kind ist. Es handelt sich auch dann um einen sexuellen Missbrauch wenn diese Präferenz „ausschließlich im Konsum spezifischer pornographischer Produkte zum Ausdruck"[10] kommt. Auf der anderen Seite ist aber nicht jede Person, die einen sexuellen Missbrauch an Kindern begeht als Pädophiler zu bezeichnen, weil „dem Missbrauch auf Seiten der Täter [nicht immer] eine sexuelle Präferenz für Kinder zugrunde"[11] liegt, da Er-

---

[8] Vgl. Kentler 1982, S. 199
[9] Vgl. Wagner 1988, S. 87 und Johannismeier 1991, S. 232
[10] Bange 2001, S. 27
[11] Bange 2001, S. 27

wachsene ebenfalls Kinder „zu ihrer sexuellen Befriedigung benutzen, obwohl diese nicht ihre bevorzugten SexualpartnerInnen sind"[12].

Zusammenfassend lässt sich also sagen, dass Pädophile Erwachsene sind, deren sexuelles Interesse sich auf Kinder richtet.

4.2. Medizinische und psychologische Definitionen

Aus psychologischer und medizinischer Sicht handelt es sich bei der Pädophilie um eine sexuelle Störung, die in eine Persönlichkeitsstörung eingebettet ist. Man unterscheidet zwischen drei Arten von sexuellen Störungen, die sexuellen Funktionsstörungen, die Paraphilien und die Störung der Geschlechtsidentität.

Menschen mit sexuellen Funktionsstörungen haben eine Hemmung in einem bestimmten Bereich des menschlichen sexuellen Reaktionszyklus, beispielsweise werden sie sexuell nicht erregt oder können keinen Orgasmus erreichen.

Die Personen mit einer Störung in der Geschlechtsidentität haben durchgängig das Gefühl dem falschen Geschlecht anzugehören und sie identifizieren sich mit dem anderen Geschlecht.

„Menschen mit Paraphilien haben wiederkehrende, starke sexuelle Impulse und sexuell erregende Phantasien zu sexuellen Objekten oder Situationen, die in der jeweiligen Gesellschaft als unangemessen gelten"[13]. Die Pädophilie gehört zu den Paraphilien, die den sexuellen Störungen zugeordnet sind. „Pädophile sind Erwachsene [...], die durch körperlichen und oft auch sexuellen Kontakt mit präpubertären Kindern, mit denen sie nicht verwandt sind, sexuelle Befriedigung erlangen"[14]. Wichtig ist an dieser Stelle die Abgrenzung zum Inzest, was zum einen mit der Familienzugehörigkeit zusammenhängt, zum anderen „sind Inzestopfer im allgemeinen älter als

---

[12] Bange 2001, S. 27
[13] Comer 1995, S. 501
[14] Davison u. Neale 1998, S. 390-391

Kinder, die zum Ziel pädophilen Begehrens werden"[15], da Väter sich als Beispiel erst dann für ihre Töchter interessieren, wenn diese erste „Anzeichen körperlicher Reife zeigen"[16]. Den Pädophilen dagegen reizen „eben wegen ihrer Unreife, die ganz kleinen Mädchen"[17].

Im Folgenden wird gezeigt, wie Pädophilie in den beiden Klassifikationssystemen von psychischen Störungen und Verhaltensauffälligkeiten kodiert ist.

4.2.1.1. DSM IV

Nach DSM IV, dem Klassifikationssystem der amerikanischen Psychologen (APA)[18], wird die Pädophilie in der Kategorie 302.2 unter den Paraphilien klassifiziert[19]. Die Diagnose Paraphilie wird allerdings nur relativ selten verwendet[20], wobei aufgrund des großen Marktes „paraphiler Pornographie und anderen Zubehörs"[21] vermutet wird, dass solche Störungen recht häufig existieren.

Viele Menschen mit Paraphilien können nur dann erregt werden, wenn ein paraphiler Stimulus vorhanden ist oder ausgelebt oder phantasiert wird. Andere Menschen scheinen auf diesen Stimulus nur ab und zu zurückzugreifen, vor allem unter psychischer Belastung. Einige Kliniker „sind der Ansicht, dass paraphile Aktivitäten mit Ausnahme solcher, mit denen der Partner nicht einverstanden ist, nur dann als Störung betrachtet werden sollten, wenn sie das ausschließliche oder bevorzugte Mittel sind, um zu sexueller Erregung und zum Orgasmus zu kommen. Menschen mit einer bestimmten Paraphilie zeigen oft zusätzlich weitere andersge-

---

[15] Davison u. Neale 1998, S. 391
[16] Davison u. Neale 1998, S. 391
[17] Davison u. Neale 1998, S. 391
[18] Vgl. APA 1994
[19] Schulte-Markwort, Michael u.a., S. 68
[20] Vgl. Comer, S. 524
[21] Comer 1995, S. 524

artete Paraphilien"[22]. Diejenigen, deren Paraphilie sich auf Kinder oder nicht einverstandene Erwachsene fixiert, kommen oft mit dem Gesetz in Konflikt und geraten so über die Begutachtung von Tätern in den Kontakt mit Klinikern, die entscheiden müssen, ob eine Bewährungsstrafe oder eine Haftstrafe ausgesprochen werden sollte. In den meisten Fällen handelt es sich um Männer. Die Forschung hat bisher allerdings nicht viel über die Ursachen und Therapiemöglichkeiten der Meisten dieser Störungen herausgefunden[23].

Die Definitionen der verschiedenen Paraphilien hängen wie die der sexuellen Funktionsstörung enger mit den Normen der Gesellschaft, in der sie auftreten, zusammen, als mit eindeutigen medizinischen Kriterien. Grundsätzlich muss mit der diagnostischen Zuschreibung, jemand habe eine sexuelle Störung, sehr behutsam umgegangen werden, da viele Menschen Abscheu vor sich selber empfinden, wenn ihnen dieses mitgeteilt wird. Dieses hängt mit der Tatsache zusammen, dass die gesellschaftliche Bedeutung der Diagnose „sexuelle Störung" negativ behaftet ist.

DSM IV beschreibt Pädophilie folgendermaßen:

Die Betroffenen suchen sexuelle Befriedigung durch Beobachten, Berühren oder sexuelle Handlungen „von und an präpubertären Kindern, die gewöhnlich"[24] nicht älter als 13 sind. „DSM-IV setzt voraus, dass die Belästigung von jemandem ausgeht, der mindestens 16 Jahre alt und mindestens 5 Jahre älter das Kind ist"[25]. Einige können durch den Konsum von Kinderpornographie bereits ihre Befriedigung finden, andere wollen wiederum ihren Trieb ausleben, Kinder zu beobachten, zu streicheln oder mit ihnen sexuell zu verkehren. Es gibt, wie oben erwähnt, verschiedene Typen, zum einen den ausschließlichen und zum anderen den nichtausschließlichen Typen. Die Unterschied besteht darin,

---

[22] Comer 1995, S. 524
[23] Vgl. Zaudig / Sass 2001
[24] Comer 1995, S. 525
[25] Davison u. Neale 1998, S. 391

dass der ausschließliche sich, wie die Bezeichnung bereits beschreibt, ausschließlich von Kindern angezogen fühlt, und der nicht-ausschließlichen auch noch von Erwachsenen.

4.2.1.2. ICD 10

Nach dem ICD 10[26], dem zweiten international etablierten diagnostischen Manual für psychische Störungen des Erwachsenenalters sowie des Kindes- und Jugendalters, welches in Deutschland vorrangige Anwendung findet, wird die Pädophilie der Klassifikation F6 Persönlichkeits- und Verhaltensstörungen zugeordnet, dort wiederum unter F65, den Störungen der Sexualpräferenz, die Pädophilie hat die Klassifikation F65.4. Die diagnostischen Kriterien für die Pädophilie bzw. für die Störungen der Sexualpräferenz sind im Einzelnen:

„G1. Wiederholt auftretende intensive sexuelle Impulse und Phantasien, die sich auf ungewöhnliche Gegenstände oder Aktivitäten beziehen.

G2. Handelt entsprechend den Impulsen oder fühlt sich durch sie deutlich beeinträchtigt.

G3. Diese Präferenz besteht seit mindestens 6 Monaten."[27]

Unter Pädophilie versteht ICD 10 die „sexuelle Präferenz für Kinder, Jungen oder Mädchen oder Kinder beiderlei Geschlechts, die sich"[28] entweder zumeist noch in der Vorpubertät oder bereits in einem frühen Stadium der Pubertät befinden. Um die Diagnose auszustellen, müssen zum einen die vorher erwähnten Grundkriterien erfüllt sein. Zum zweiten muss es sich um eine „anhaltende oder dominierende Präferenz für sexuelle Handlungen mit einem oder mehreren Kindern vor deren Puber-

---

[26] Vgl. WHO 1992

[27] Taschenführen zur Klassifikation psychischer Störungen, S. 243

[28] Taschenführen zur Klassifikation psychischer Störungen, S. 246

tät"[29] handeln und zum dritten muss der Betroffene mindestens 16 Jahre alt und zusätzlich „mindestens fünf Jahre älter als das Kind"[30] sein.

4.2.1.3. Vergleich ICD-10 und DSM-IV

Bei einem Vergleich der beiden Klassifikationsmodelle stellt sich eine vollständige Übereinstimmung der diagnostischen Merkmale heraus. Den einzigen Unterschied macht eine „zusätzliche Differenzierung im DSM ohne gesonderte Codierung" [31]aus, die im Bereich der Pädophilie folgende Unterscheidungen vornimmt:

Sexuell orientiert auf Jungen
Sexuell orientiert auf Mädchen
Sexuell orientiert auf Jungen und Mädchen
Beschränkt auf Inzest
Ausschließlicher Typus
Nicht ausschließlicher Typus[32]

Grundsätzlich erscheint eine solche Unterscheidung als sinnvoll, um auch innerhalb der Diagnose Pädophilie noch differenzieren zu können. Ein auf Inzest beschränkter Typus ist als Beispiel nicht mit dem ausschließlichen Typus gleich zu setzen. Dies sollte sich auch in unterschiedlichen Therapieplanungen niederschlagen.

---

[29] Taschenführen zur Klassifikation psychischer Störungen, S. 246
[30] Taschenführen zur Klassifikation psychischer Störungen, S. 246
[31] Schulte-Markwort, Michael u.a., S. 68
[32] Schulte-Markwort, Michael u.a., S. 68

4.3.   Begriffsproblematik

Aus den bisher erarbeiteten und dargestellten Kapiteln wird eine Problematik mit dem Umgang des Begriffs der Pädophilie erkennbar. Auf der einen Seite ist bei den nicht fachspezifischen Definitionen zu erkennen, dass der Begriff der Pädophilie nicht deutlich genug abgegrenzt ist, da der sexuelle Aspekt nicht grundsätzlich enthalten ist. Auf der anderen Seite zeigen gerade solche Klassifikationen nach DSM-IV und ICD-10, dass der Begriff der Pädophilie als Störung anzusehen und auch dementsprechend kategorisiert ist.

Da sich aber gerade Menschen, die an einer solchen Störung leiden, gerne als pädophil bezeichnen und auch bezeichnen lassen, zumal der Begriff wörtlich übersetzt „Liebe zu Kindern" bedeutet, wird im weiteren Verlauf dieser Arbeit nur noch vom spezifischen Begriff der Pädosexualität, statt der Pädophilie verwendet, um hervorzuheben, dass es sich nicht allgemein um Liebe zu Kindern handelt, sondern es geht um die Liebe einschließlich des sexuellen Verlangens von Erwachsenen zu Kindern. Des Weiteren suggeriert der Begriff durch die wörtliche Übersetzung „eine positive erotisch-sexuelle Beziehung zwischen Erwachsenen und Kindern und entnennt die Aspekte sexueller Gewalt, durch die sexuelle Interaktionen zwischen Erwachsenen und Kindern auch bestimmt sind"[33].

Zu dieser Begriffseingrenzung wurde dem Verfasser in einem Telefonat mit der Autorin Frau Claudia Bundschuh[34] von ihr geraten.

---

[33] Bundschuh 2001, S. 25
[34] Vgl. Bundschuh 2001

5. Pädosexuellenbewegung in Deutschland

In Deutschland begann eine Bewegung der Pädosexuellen in den 70er Jahren, nachdem in Holland erstmals in den 60er Jahren Publikationen und Organisationen auf sich aufmerksam gemacht hatten, die sich gegen die Bezeichnung als Kinderschänder wehrten. Unterstützt wurden die deutschen Pädosexuellen durch die bereits in den Niederlanden erfolgreichen Holländer Bernard und Brongersma[35], die sich in Veröffentlichungen zur Pädosexualität bekannt haben. Zusätzlich profitierten die Pädosexuellen von der Schwulenbewegung, die sich in den 70er Jahren verstärkt für gesellschaftliche und gesetzliche Anerkennung von homosexuellen Beziehungen engagierte und daher verstärkt an die Öffentlichkeit ging. 1979 wurde die Allgemeine Homosexuelle Arbeitsgemeinschaft (AHA) und eine Arbeitsgruppe Pädophilie in Berlin gegründet. Diese wurden das wichtigste Sprachrohr der Pädosexuellen in Deutschland, die Deutsche Studien- und Arbeitsgemeinschaft Pädophilie (DSAP) wurde 1979 ein eingetragener Verein und 1980 als gemeinnützige Vereinigung anerkannt. Neben der Beratung von Betroffenen forderten sie eine ersatzlose „Streichung der einschlägigen Strafparagraphen 174 bis 176"[36]. In den 80er Jahren expandierte der Verein, gründete mehrere Regionalgruppen und gab eine eigene Zeitschrift heraus. Auch die Partei „Die Grünen" beteiligte sich an der Diskussion und gründete eine Bundesarbeitsgemeinschaft Schwule und Päderasten[37]. Volker Beck, damaliger Schwulenreferent der Bundestagsfraktion (1987-1990) und heutiger Erster Parlamentarischer Geschäftsführer der Grünen, schrieb in einem Aufsatz, dass die „Entkriminalisierung der Pädosexualität [...] dringend erforderlich"[38] ist, da „sie im Widerspruch zu rechts-

---

[35] Lautmann 1994, S. 127
[36] Hohmann 1980, S. 13
[37] Vgl. Bernard 1988, S. 315-320
[38] Beck 1988, S. 266

staatlichen Grundsätzen aufrechterhalten wird"[39]. Auf einem NRW Landes-
parteitag der Grünen gab es sogar einen Antrag, den Passus der
Legalisierung von Sexualität zwischen Kindern und Erwachsenen in
das Parteiprogramm aufzunehmen. Der Antrag wurde mit großer
Mehrheit abgelehnt.

Lange konnten sich die Pädosexuellenorganisationen allerdings
nicht halten. Aufgrund von Verboten ihrer Veröffentlichungen und
strafrechtlicher Verfolgungen ihrer Mitglieder mussten diese Organisationen wieder aus dem Untergrund agieren. 1983 löste sich dann
auch die wichtigste Vereinigung, die DSAP auf und erklärte ihr Kon-
zept „Selbsthilfegruppen unter der Rechtsform „eingetragener Verein""[40] für
gescheitert. Nur die von der Arbeitsgemeinschaft Humane Sexualität
e.V. (AHS) 1985 gegründete Arbeitsgruppe Kindersexualität und
Pädophilie scheint in Deutschland überlebt zu haben[41].

Zur Verdeutlichung wird an dieser Stelle noch mal explizit darauf
hingewiesen, dass die Pädosexuellenbewegung die „Gunst der
Stunde" genutzt und sich der Schwulenbewegung angehängt hat.
Die Schwulenbewegung an sich ist eine vernünftige und wichtige
Angelegenheit gewesen, das Anliegen der Pädosexuellen hingegen
nicht.

5.1.   Exkurs ins antike Griechenland

In Veröffentlichungen von Pädosexuellen und ihnen nahe stehenden
Autoren, wird oft auf die griechische Antike Bezug genommen, „über-
all, wo Pädophilie heimisch ist, werden genauso wie in Griechenland ihre gün-

---

[39] Beck 1988 S. 266
[40] vgl. Wolter 1985, S. 106
[41] Vgl. Stöckel 1998, S. 24

stigen Auswirkungen nachdrücklich vermeldet"[42]. Um dieser Behauptung nachzugehen folgt ein Exkurs in die griechische Antike.

Das Phänomen der Pädosexualität gab es tatsächlich bereits in der Antike. „Die Historiker berichten uns aus der Knabenliebe in den vergangenen Kulturvölkern der Azteken, Inkas, Mayas, Chinesen, Perser, Ägypter, Griechen und Römer"[43].

In der damaligen Zeit hatten Kinder „keinerlei Rechte, und bis zum 4. Jhd. n Chr. wurde in Griechenland und Rom der Kindesmord weder von dem Gesetz verboten noch in der öffentlichen Meinung als etwas Unrechtes angesehen"[44]. Kinder mit Auffälligkeiten wurden oft ausgesetzt und landeten teilweise in der Prostitution.

Sexueller Missbrauch von Kindern war in der Antike weit verbreitet, es galt als legal und als wünschenswert. Knabenbordelle, päderastische Heiraten und Flitterwochen waren üblich, „in Athen konnte man sich per Vertrag Jungen mieten"[45]. Kleinere Kinder sollten zwar durch das Gesetz geschützt werden, wurden aber ebenfalls „durch Lehrer und Pädagogen [...] ausgebeutet"[46]. Die Griechen als Beispiel glaubten, dass die Gelehrten ihr Wissen nur in Form einer Liebesbeziehung zu einem pubertierenden Jungen weitergeben konnten. Selbst für die Armee gab es gesetzliche Regularien, die ihnen sexuelle Übergriffe erlaubten. Da sie die anvertrauten Jungen in der Waffen- und Reitkunst unterrichteten, durften sie sich als Belohnung an den Körpern der Jungen bedienen.

Es ist also festzustellen, dass die Behauptung, dass es sexuellen Kontakt zwischen Kindern und Erwachsenen schon seit der Antike gibt, zutrifft. Was nicht stimmt, ist die Auslegung der Pädosexuellen,

---

[42] Brongersma 1970, S. 122
[43] Hohmann 1980, S. 71
[44] Stöckel 1998, S. 25
[45] Stöckel 1998, S. 25
[46] Stöckel 1998, S. 25

dass dieses im Interesse und auf Wunsch der Kinder geschah, da die sexuelle Ausbeutung als „Knabenliebe romantisiert und der gesellschaftliche Zwang"[47], der auf die Jugendlichen ausgeübt wurde, geleugnet wurde.

---

[47] Stöckel 1998, S. 25

6. Rechtliche Aspekte

Es wurde schon drauf hingewiesen, dass manifestierte Pädosexuelle in der Regel mit der Justiz in Berührung kommen, da sexuelle Kontakte zwischen Erwachsenen und Kindern laut Gesetz verboten sind. Gerade durch die Öffentlichkeitsarbeit von Selbsthilfegruppen (z.B. Wildwasser, Kobra, Zartbitter) und der Aktion Jugendschutz, aber auch mit bedingt durch die Aufdeckung spektakulärer Fälle, hat sich in den letzten Jahren das allgemeine wie das wissenschaftliche und juristische Interesse verstärkt auf den sexuellen Missbrauch von Kindern (vor allem innerhalb der eigenen Familie) gerichtet. Nach Schätzungen des Bundeskriminalamtes sind vor der Strafrechtsreform 1994 in Deutschland jährlich zwischen 250.000 und 300.000 Kinder, vorwiegend Mädchen, sexuell missbraucht worden (der nicht geringe Anteil von missbrauchten Jungen ist noch schwerer abzuschätzen). Zur Anzeige kommen aber nur rund 16.000. In nur etwa 20 % dieser Fälle wird überhaupt Anklage erhoben, dann aber führen circa 80 % zu einer Verurteilung[48]. Die meisten Täter stammen aus der unmittelbaren Umgebung der Opfer: Väter, Stiefväter, Großväter, Onkel, Brüder, Lebensgefährten der Mutter, Mütter, Erzieher, Pfarrer, Lehrer. Ganz fremde Personen machen nur einen geringen Prozentsatz der Täter aus.

Für Pädosexuelle ist der 13. Abschnitt des Strafgesetzbuches von Belang. Im dreizehnten Abschnitt werden Straftaten gegen die sexuelle Selbstbestimmung behandelt.

§ 174 Sexueller Missbrauch von Schutzbefohlenen
(1) Wer sexuelle Handlungen
1. an einer Person unter sechzehn Jahren, die ihm zur Erziehung, zur Ausbildung oder zur Betreuung in der Lebensführung anvertraut ist,
2. an einer Person unter achtzehn Jahren, die ihm zur Erziehung, zur Ausbildung oder zur Betreuung in der Lebensführung anvertraut oder im Rahmen eines Dienst- oder Arbeitsverhältnisses untergeordnet ist, unter Missbrauch einer

---

[48] © Bibliographisches Institut & F. A. Brockhaus AG, 2001

mit dem Erziehungs-, Ausbildungs-, Betreuungs-, Dienst- oder Arbeitsverhältnis verbundenen Abhängigkeit oder

3. an seinem noch nicht achtzehn Jahre alten leiblichen oder angenommenen Kind vornimmt oder an sich von dem Schutzbefohlenen vornehmen lässt, wird mit Freiheitsstrafe bis zu fünf Jahren oder mit Geldstrafe bestraft.

(2) Wer unter den Voraussetzungen des Absatzes 1 Nr. 1 bis 3
1. sexuelle Handlungen vor dem Schutzbefohlenen vornimmt oder
2. den Schutzbefohlenen dazu bestimmt, dass er sexuelle Handlungen vor ihm vornimmt, um sich oder den Schutzbefohlenen hierdurch sexuell zu erregen, wird mit Freiheitsstrafe bis zu drei Jahren oder mit Geldstrafe bestraft.

(3) Der Versuch ist strafbar.

(4) In den Fällen des Absatzes 1 Nr. 1 oder des Absatzes 2 in Verbindung mit Absatz 1 Nr. 1 kann das Gericht von einer Bestrafung nach dieser Vorschrift absehen, wenn bei Berücksichtigung des Verhaltens des Schutzbefohlenen das Unrecht der Tat gering ist.[49]

Unter einer sexuellen Handlung versteht man Handlungen, die schon in der Wahrnehmung eines anderen als ein solches empfunden werden und die in dem jeweils geschützten Rechtsgut von erheblicher Bedeutung sind.[50] Des Weiteren geht aus diesem Gesetz hervor, dass sich ein Pädosexueller nicht darauf berufen kann, dass er sich passiv verhalten hätte, da auch das Dulden einer solchen Handlung strafbar ist[51] (Ende Absatz 1 „an sich vornehmen lässt"). Das bedeutet, dass sich ein Pädosexueller nicht darauf berufen kann, dass der sexuelle Kontakt von Seiten des schutzbefohlenen Kindes initiiert wurde, er macht sich damit in jedem Falle strafbar.

§ 176 Sexueller Missbrauch von Kindern.

(1) Wer sexuelle Handlungen an einer Person unter vierzehn Jahren (Kind) vornimmt oder an sich von dem Kind vornehmen lässt, wird mit Freiheitsstrafe von sechs Monaten bis zu zehn Jahren, in minderschweren Fällen mit Freiheitsstrafe bis zu 5 Jahren oder mit Geldstrafe bestraft.

---

[49] AJS 2000, S. 34
[50] vgl. StGB §184 c Begriffsbestimmungen
[51] Vgl. Lackner 1995, S. 743

(2) Ebenso wird bestraft, wer ein Kind dazu bestimmt, dass es sexuelle Handlungen an einem Dritten vornimmt oder von einem Dritten an sich vornehmen lässt.

(3) Mit Freiheitsstrafe bis zu fünf Jahren oder mit Geldstrafe wird bestraft, wer

1. sexuelle Handlungen vor einem Kind vornimmt,

2. ein Kind dazu bestimmt, dass es sexuelle Handlungen an sich vornimmt, oder

3. auf ein Kind durch Vorzeigen pornographischer Abbildungen oder Darstellungen, durch Abspielen von Tonträgern pornographischen Inhalts oder durch entsprechende Reden einwirkt.

4. Der Versuch ist strafbar; dies gilt nicht für Taten nach Absatz 3 Nr. 3.[52]

Dieses ist der wichtigste Paragraph im Kontext der Pädosexualität, da grundsätzlich jede sexuelle Handlung mit einem Kind unter 14 Jahren verboten ist. Dieses gilt auch für gewaltfreie sexuelle Handlungen zwischen Erwachsenen und Kindern, wie aber auch unter gleichaltrigen Kindern, weshalb die Schutzaltersgrenze auch sehr umstritten ist. Im Kontext mit pädosexuellen Kontakten kann das Strafrecht der Vielfalt der Möglichkeiten allerdings schwer gerecht werden, da die Pädosexualität ein Phänomen ist, „das mit dem groben Hammer des Strafrechts nicht sinnvoll zu bearbeiten ist: er, der Hammer, hinterlässt nur Splitter und Trümmer nach allen Seiten"[53]. Statt dessen müssen vernünftige Therapieformen für Täter und Opfer greifen, die dafür sorgen, dass das Erlebte auf- und verarbeitet werden kann. Bei den Tätern müssen die Therapien ebenfalls Erlebnisse revidieren und ein neues Sexualverhalten und moralisches Empfinden fördern. Des Weiteren sind solche Therapieformen als Präventionsmaßnahme zu sehen, dazu an späterer Stelle mehr[54].

§ 176a Schwerer sexueller Missbrauch von Kindern.

(1) Der sexuelle Missbrauch von Kindern wird in den Fällen des § 176 Abs. 1 und 2 mit Freiheitsstrafe nicht unter einem Jahr bestraft, wenn

---

[52] AJS 2000, S. 34
[53] Schorsch 1993, S. 171
[54] Vgl. Kapitel 12

1. eine Person über achtzehn Jahren mit dem Kind den Beischlaf vollzieht oder ähnliche sexuelle Handlungen an ihm vornimmt oder an sich von ihm vornehmen lässt, die mit einem Eindringen in den Körper verbunden sind,

2. die Tat von mehreren gemeinschaftlich begangen wird,

3. der Täter das Kind durch die Tat in die Gefahr einer schweren Gesundheitsschädigung oder einer erheblichen Schädigung der körperlichen oder seelischen Entwicklung bringt oder

4. der Täter innerhalb der letzten fünf Jahre wegen einer solchen Straftat rechtskräftig verurteilt worden ist.

(2) Mit Freiheitsstrafe nicht unter zwei Jahren wird bestraft, wer in den Fällen des § 176 Abs. 1 bis 4 als Täter oder anderer Beteiligter in der Absicht handelt, die Tat zum Gegenstand einer pornographischen Schrift (§ 11 Abs. 3) zu machen, die nach § 184 Abs. 3 oder 4 verbreitet werden soll.

(3) In minder schweren Fällen des Absatzes 1 ist auf Freiheitsstrafe von drei Monaten bis zu fünf Jahren, in minder schweren Fällen des Absatzes 2 auf Freiheitsstrafe von einem Jahr bis zu zehn Jahren zu erkennen.

(4) Mit Freiheitsstrafe nicht unter fünf Jahren wird bestraft, wer das Kind in den Fällen des § 176 Abs. 1 und 2

1. bei der Tat körperlich schwer misshandelt oder

2. durch die Tat in die Gefahr des Todes bringt.

(5) In die in Absatz 1 Nr. 4 bezeichnete Frist wird die Zeit nicht eingerechnet, in welcher der Täter auf behördliche Anordnung in einer Anstalt verwahrt worden ist. Eine Tat, die im Ausland abgeurteilt worden ist, steht in den Fällen des Absatzes 1 Nr. 4 einer im Inland abgeurteilten Tat gleich, wenn sie nach deutschem Strafrecht eine solche nach § 176 Abs. 1 oder 2 wäre.

§ 176b Sexueller Missbrauch von Kindern mit Todesfolge.
Verursacht der Täter durch den sexuellen Missbrauch (§§ 176 und
176a) wenigstens leichtfertig den Tod des Kindes, so ist die Strafe
lebenslange Freiheitsstrafe oder Freiheitsstrafe nicht unter zehn Jahren.[55]

Diese Paragraphen sind als Erweiterungen bezüglich des schweren sexuellen Missbrauchs aufgenommen worden. Festzustellen bleibt allerdings, dass die Strafmaßnahmen nach wie vor zu niedrig erscheinen, sofern sie mit Urteilen im Bereich der Diebstähle, Raub-

---

[55] AJS 2000, S. 34-35

überfälle etc. verglichen werden.[56] Als Beispiel seien dafür folgende Paragraphen genannt:

§ 242 Diebstahl

(1) Wer eine fremde bewegliche Sache einem anderen in der Absicht wegnimmt, die Sache sich oder einem Dritten rechtswidrig zuzueignen, wird mit Freiheitsstrafe bis zu fünf Jahren oder mit Geldstrafe bestraft.

(2) Der Versuch ist strafbar.[57]

Bei einem schweren Diebstahl (§243 StGB) kann die Freiheitsstrafe bis zu zehn Jahren ausgesprochen werden. Im Vergleich zu den oben genannten Paragraphen im Bereich des schweren sexuellen Missbrauchs erscheint das Strafmaß nicht gerechtfertigt, da der schwere sexuelle Missbrauch zu gering geahndet wird. Ebenso muss bewusst sein, dass ein reines „Wegsperren" alleine ebenfalls keinen Sinn hat, es sollte in der Zeit eine Betreuung und eine Therapie angeboten bzw. durchgeführt werden.

§ 182 sexueller Missbrauch von Jugendlichen.

(1)Eine Person über achtzehn Jahre, die eine Person unter sechzehn Jahren dadurch missbraucht, dass sie

1. unter Ausnutzung einer Zwangslage oder gegen Entgelt sexuelle Handlungen an ihr vornimmt oder an sich vornehmen lässt oder

2. diese unter Ausnutzung einer Zwangslage dazu bestimmt, sexuelle Handlungen an einem Dritten vorzunehmen oder von einem Dritten an sich vornehmen zu lassen, wird mit Freiheitsstrafe bis zu fünf Jahren oder mit Geldstrafe bestraft.

(2) Eine Person über einundzwanzig Jahre, die eine Person unter sechzehn Jahren dadurch missbraucht, dass sie

1. sexuelle Handlungen an ihr vornimmt oder an sich von ihr vornehmen lässt oder

2. diese dazu bestimmt, sexuelle Handlungen an einem Dritten vorzunehmen oder von einem Dritten an sich vornehmen zu lassen, und dabei die fehlende Fähigkeit des Opfers zur sexuellen Selbstbestimmung ausnutzt, wird mit Freiheitsstrafe bis zu drei Jahren oder mit Geldstrafe bestraft.

---

[56] vgl. Abschnitt 19 und 20 Strafgesetzbuch

[57] http://jurcom5.juriS. de/bundesrecht/stgb/__242.html

(3) In den Fällen des Absatzes 2 wird die Tat nur auf Antrag verfolgt, es sei denn, dass die Strafverfolgungsbehörde wegen des besonderen öffentlichen Interesses an der Strafverfolgung ein
Einschreiten von Amtswegen für geboten hält.

(4) In den Fällen der Absätze 1 und 2 kann das Gericht von Strafe nach diesen Vorschriften absehen, wenn bei Berücksichtigung des Verhaltens der Person, gegen die sich die Tat richtet, das Unrecht der Tat gering ist.[58]

Neben diesen Paragraph ist auch noch der §180 Förderung sexueller Handlungen Minderjähriger bei pädosexuellen Kontakten von Relevanz. Bezüglich §182 muss noch angemerkt werden, dass das erwähnte Entgelt auch in Sachwerten oder Mahlzeiten geleistet werden kann. Es muss sich nicht nur um ein finanzielles Entgelt handeln. Ebenfalls können Geschenke von Pädosexuellen, die der Gewinnung von Zuneigung dienen, in entsprechenden Fällen als ein dementsprechendes Entgelt ausgelegt werden.

§ 184 Verbreitung pornographischer Schriften

(1) Wer pornographische Schriften (§ 11 Abs. 3)

1. einer Person unter achtzehn Jahren anbietet, überlässt oder zugänglich macht,

2. an einem Ort, der Personen unter achtzehn Jahren zugänglich ist oder von ihnen eingesehen werden kann, ausstellt, anschlägt, vorführt oder sonst zugänglich macht,

3. im Einzelfall außerhalb von Geschäftsräumen, in Kiosken oder anderen Verkaufsstellen, die der Kunde nicht zu betreten pflegt, im Versandhandel oder in gewerblichen Leihbüchereien oder Lesezirkel einem anderen anbietet oder überlässt,

3a. im Wege gewerblicher Vermietung oder vergleichbarer gewerblicher Gewährung des Gebrauchs, ausgenommen in Ladengeschäften, die Personen unter achtzehn Jahren nicht zugänglich sind und von ihnen nicht eingesehen werden können,

1. einem anderen anbietet oder überlässt, im Wege des Versandhandels einzuführen unternimmt.

2. öffentlich an einem Ort, der Personen unter achtzehn Jahren zugänglich ist oder von ihnen eingesehen werden kann, oder durch Verbreitung von Schriften

---

[58] AJS 2000, S. 37

außerhalb des Geschäftsverkehrs mit dem einschlägigen Handel anbietet, ankündigt oder anpreist,

3. an einen anderen gelangen lässt, ohne von diesem hierzu aufgefordert zu sein,

4. in einer öffentlichen Vorführung gegen ein Entgelt zeigt, das ganz oder überwiegend für diese Vorführung verlangt wird,

5. herstellt, bezieht, liefert, vorrätig hält oder einzuführen unternimmt, um sie oder aus ihnen gewonnene Stücke im Sinne der Nummern 1 bis 7 zu verwenden oder einem anderen eine solche Verwendung zu ermöglichen, oder

6. auszuführen unternimmt, um sie oder aus ihnen gewonnene Stücke im Ausland unter Verstoß gegen die dort geltenden Strafvorschriften zu verbreiten oder öffentlich zugänglich zu machen oder eine solche Verwendung zu ermöglichen, wird mit Freiheitsstrafe bis zu einem Jahr oder mit Geldstrafe bestraft.

(2) Ebenso wird bestraft, wer eine pornographische Darbietung durch Rundfunk verbreitet.

(3) Wer pornographische Schriften (§ 11 Abs. 3), die Gewalttätigkeiten, den sexuellen Missbrauch von Kindern oder sexuelle Handlungen von Menschen mit Tieren zum Gegenstand haben,

1. verbreitet.

2. öffentlich ausstellt, anschlägt, vorführt oder sonst zugänglich macht oder

3. herstellt, bezieht, liefert, vorrätig hält, anbietet, ankündigt, anpreist, einzuführen oder auszuführen unternimmt, um sie oder aus ihnen gewonnene Stücke im Sinne der Nummern 1 oder 2 zu verwenden oder einem anderen eine solche Verwendung zu ermöglichen, wird, wenn die pornographischen Schriften den sexuellen Missbrauch von Kindern zum Gegenstand haben, mit Freiheitsstrafe von drei Monaten bis zu fünf Jahren, sonst mit Freiheitsstrafe bis zu drei Jahren oder mit Geldstrafe bestraft.

(4) Haben die pornographischen Schriften (§ 11 Abs. 3) in den Fällen des Absatzes 3 den sexuellen Missbrauch von Kindern zum Gegenstand und geben sie ein tatsächliches oder wirklichkeitsnahes Geschehen wieder, so ist die Strafe Freiheitsstrafe von sechs Monaten bis zu zehn Jahren, wenn der Täter gewerbsmäßig oder als Mitglied einer Bande handelt, die sich zur fortgesetzten Begehung solcher Taten verbunden hat.

(5) Wer es unternimmt sich oder einem Dritten den Besitz von pornographischen Schriften (§ 11 Abs. 3) zu verschaffen, die den sexuellen Missbrauch von Kindern zum Gegenstand haben, wird, wenn die Schriften ein tatsächliches oder wirklichkeitsnahes Geschehen wiedergeben, mit Freiheitsstrafe bis zu einem Jahr oder mit Geldstrafe bestraft. Ebenso wird bestraft, wer die in Satz 1 bezeichneten Schriften besitzt.

(6) Absatz 1 Nr. 1 ist nicht anzuwenden, wenn der zur Sorge für die Person Berechtigte handelt. Absatz 1 Nr. 3a gilt nicht, wenn die Handlung im Geschäftsverkehr mit gewerblichen Entleihern erfolgt. Absatz 5 gilt nicht für Handlungen, die ausschließlich der Erfüllung rechtmäßiger dienstlicher oder beruflicher Pflichten dienen.

(7) In den Fällen des Absatzes 4 ist § 73d anzuwenden. Gegenstände auf die sich eine Straftat nach Absatz 5 bezieht, werden eingezogen § 74a ist anzuwenden.[59]

Auf das Thema der Pornographie wird später noch ausführlicher eingegangen[60], es sei an dieser Stelle zumindest soviel dazu gesagt, dass Pädosexuelle oft gegen dieses Gesetz verstoßen.
Bisher unerwähnt geblieben ist der § 173 Beischlaf zwischen Verwandten, der neben den §§ 174 und 176 zusätzlich noch ausdrücklich den Inzest als Straftat deklariert.

Aktuell kann zu der rechtlichen Seite bei dem Thema des sexuellen Missbrauchs noch angeführt werden, dass nach einer Bundestagsdebatte am 14.11.2002 beschlossen wurde, dass das Strafrecht in diesem Bereich verschärft werden soll[61]. Laut Medienberichten soll es neben den Unstimmigkeiten zwischen Regierung und Opposition auch noch Uneinigkeiten innerhalb der Regierungsparteien geben, da „die Grünen gegen [eine] Erhöhung der Mindeststrafe bei Kindesmissbrauch"[62]sind. Das Ergebnis dieser aktuellen Diskussion darf mit Spannung erwartet werden, wird aber bestimmt noch einige Zeit auf sich warten lassen, da es in diverse Ausschüsse vertagt worden ist.

---

[59] AJS 2000, S. 37-38
[60] vgl. Kapitel 9.2
[61] vgl. Deutscher Bundestag, 14.11.2002
[62] © ZDF heute, 14.11.2002

7.   Wie entsteht Pädosexualität?

Über die Entstehung und über die Ursachen von Pädosexualität ist nur wenig bekannt. „Es hat den Anschein, dass niemand bereits pädophil geboren wird, sondern dass diese Deviation erst im Laufe der Kindheit erworben wird"[63].

Es stellt sich daher die Frage, wieso bei einem Teil der Menschen diese Neigung vorhanden ist. Es gibt unterschiedliche Erklärungsmodelle, die sich mit der Fragestellung der Entstehung auseinandersetzen. In diesem Kapitel werden einige dieser Theorien behandelt.

7.1.   Hirnforschung

Den Anfang macht die Fragestellung nach den Zusammenhängen „zwischen dem orbifrontalen Kortex und pädophilen Neigungen"[64], die nach einer neuen Forschung anscheinend herausgefunden hat, dass „Pädophilie durch einen Gehirntumor ausgelöst werden"[65] kann. Nach diesem Bericht, der im Anhang zu finden ist, gehen Forscher davon aus, dass sie den ersten dokumentierten Fall präsentieren könnten, aus dem dieses hervor gehen würde. Die Neurologen erheben allerdings nicht den Anspruch, dass damit grundsätzlich die Ursache von Pädophilie zu erklären sei, da es „bei den meisten Pädophilen [...] früh im Leben Probleme"[66] geben würde, die diese Neigung mit hervorrufen. Sie haben aber in diesem Fall ihrer Meinung nach den Beweis gefunden, dass Pädophilie auch durch einen Gehirntumor ausgelöst werden kann. Nach einer Operation ist diese Neigung nicht mehr vorhanden gewesen, daher die Forderung der Neurologen, dass in

---

[63] Stöckel 1998, S. 46
[64] © Spiegel Online 2002, Oktober 2002, S. 2
[65] © Spiegel Online 2002, Oktober 2002, S. 1
[66] © Spiegel Online 2002, Oktober 2002, S. 1

diesem Gebiet mehr geforscht werden muss. Neben diesen eventuell neu entdeckten Zusammenhängen zwischen der Neigung Pädosexualität und medizinischen Aspekten gibt es weitere Erklärungsmodelle, die sich auf die menschliche Entwicklung beziehen. Im Bereich der Hirnforschung gibt es auch Veröffentlichungen, die einen Zusammenhang zwischen Hirnschäden insbesondere der Vergrößerung des linken Temporallapens und Pädosexualität sehen, nur konnte kein kausaler Zusammenhang bewiesen werden.

7.2 Psychoanalytischer Ansatz

Der psychoanalytischen Ansatz geht davon aus, dass die „Ausbildung von normabweichenden Sexualpräferenzen durch Entwicklungsstörungen in der frühen Kindheit bedingt"[67] ist und es sich bei der Perversion, hier in Form der Pädosexualität, für die Betroffen um eine Stabilisierungsfunktion handelt, indem sie die aus den „Störungen resultierenden Ängste und Verunsicherungen im Bereich der Sexualität"[68] binden und eine Entlastung schaffen. Vor allem Kastrationsängste und ungelöste Ödipuskonflikte werden von AnalytikerInnen als Ursache betrachtet. Auch Fehlhaltungen der Bezugspersonen im frühkindlichen Alter sind von besonderer Wichtigkeit. Der Pädosexuelle erlebt durch ein Machtgefühl dem Kind gegenüber eine sexuelle Erregung und versucht seine Persönlichkeitsprobleme, wie das Gefühl der genitalen Minderwertigkeit, Selbsthass, geringes Selbstwertgefühl damit zu kompensieren und „die Persönlichkeit von frühkindlichen Konflikten zu entlasten"[69]. Problematisch bei diesem Erklärungsansatz erscheint der Aspekt, dass das Problem einseitig auf die frühe Kindheitsphase fixiert wird und der weitere Verlauf der menschlichen Entwicklung festgelegt und nur noch wenig abzuändern ist.

---

[67] Bundschuh 2001, S. 110
[68] Bundschuh 2001, S. 110
[69] Bange 2002, S. 90

7.3.   Ansatz der sozialen Lerntheorie

Daneben gibt es den Ansatz der sozialen Lerntheorie, die lernpsychologisch davon ausgeht, dass das menschliche Verhalten zum größten Teil erlernt sei und es sich auch so mit der Entwicklung von Pädosexualität verhalte. Eine weitere „wichtige Theorie besagt, dass Konditionierungsprozesse im Gang gesetzt werden, wenn Menschen ihren eigenen sexuellen Missbrauch oder Kinderpornografie als Masturbationsfantasien oder –vorlagen verwenden"[70], da dadurch neutrale und bedrohliche Szenen „durch die verstärkte Wirkung des Orgasmus beim Masturbieren zu Auslösern sexueller Erregung werden"[71] können.

Sexuelle Erfahrungen, die Kinder mit Gleichaltrigen erleben, können für die Lernpsychologie schon ein Grund für die Entwicklung einer solchen Neigung sein. Negative Erfahrungen im Bereich der altersangemessenen Sexualität können in Verbindung mit anderen erlebten sexuellen Erlebnissen, die als positiv und befriedigend empfunden wurden, einen weiteren Verlauf in diese Richtung fördern. Ein anderer Gesichtspunkt kann das Nachahmen von pädosexuellen Bezugspersonen in der Kindheit sein. Des Weiteren sind die sozialen Eigenschaften des Kindes relevant. Kinder, die grundsätzlich Probleme mit Gleichaltrigen hatten und sich mit Jüngeren abgegeben haben, neigen auch in ihrer weiteren Entwicklung dazu, sich sexuell an Jüngeren statt an Gleichaltrigen zu orientieren. Was aus diesen Betrachtungsweisen ersichtlich wird, ist die Tatsache, dass der Mensch immer als Gesamtes betrachtet werden muss. Es sind gerade die innerpsychischen Vorgänge, die emotional-sozialen Erlebnisse und Erfahrungen in den verschiedenen Lebensphasen zu beachten, wenn es um die Begründung einer gelebten Sexualität geht. Es darf aber nicht der Trugschluss gefasst werden, dass aus jedem Opfer ein Täter wird. Es werden vor allem solche Opfer zum Täter, denen in ihrer Erziehung diese sexuelle Ausrichtung als ge-

[70] Bange 2002, S. 89
[71] Bange 2002, S. 89

sellschaftliche Norm vermittelt wurde. Falls dem so sein sollte, sind dem Betroffenen in seinem Leben keinerlei Hilfen zur Ver- und Aufarbeitung dieser Erlebnisse gegeben worden. Die Bedeutung der Kinderpornografie darf ebenfalls nicht außer Acht gelassen werden, da sie wahrscheinlich bei einigen Menschen „neue sexuelle Bedürfnisse weckt, die sie ohne einen solchen Konsum nicht entwickelt hätten"[72].

7.4.   Vier-Faktoren-Modell nach Finkelhor

Aus den bisher dargestellten Ansätzen ist zu erkennen, dass in keinem Modell alle Aspekte berücksichtigt wurden, da die Betrachtungsweise eindimensional erscheint. Daher hat Finkelhor das Vier-Faktoren-Modell entwickelt, indem die „individualpsychologische und soziokulturelle Erklärungsebenen miteinander verknüpft"[73] werden. In diesem Modell werden die verschiedenen Erklärungsansätze in vier Faktoren aufgeteilt. Es gibt erstens die emotionale Kongruenz, in der es um die Fragestellung geht, warum „eine erwachsene Person den sexuellen Kontakt zu Kindern als emotional befriedigend"[74] und den Bedürfnissen entsprechend ansieht. Als zweites steht die sexuelle Erregung, wo nach den Gegebenheiten gefragt wird, in denen „eine Person gegenüber Kindern sexuelle Erregung empfindet"[75]. Als drittes wird der Frage der Blockade nachgegangen. Es wird untersucht, welche Faktoren eine Person daran hindern „emotionale und sexuelle Bedürfnisse in einer partnerschaftlichen und altersangemessenen Beziehung zu befriedigen"[76]. Bei dem vierten Faktor handelt es sich um die Enthemmung, was demnach dazu führt, „dass soziale Regeln, die eine sexuelle Beziehung zwischen Erwachsenen und Kindern verbieten, nicht"[77] mehr von Bedeutung sind.

---

[72] Bange 2002, S. 90
[73] Bundschuh 2001, S. 117
[74] Bundschuh 2001, S. 117
[75] Bundschuh 2001, S. 119
[76] Bundschuh 2001, S. 119
[77] Bundschuh 2001, S. 119

Eine Bestätigung dieser Theorie erfährt Finkelhor insofern, dass nicht alle Menschen, die sich durch kleine Kinder sexuell erregt fühlen, diese auch missbrauchen. Damit dieses geschieht, müssen die Betroffenen innere und äußere Hemmungen überwinden. Förderlich für den Abbau der inneren Hemmungen sind situative Faktoren, die Stress hervorrufen. Durch berufliche Misserfolge, eine Scheidung oder den Tod der Partnerin kommt es zu einer Abnahme der inneren Hemmschwellen. In solchen Situationen sehnen sich Betroffenen zum einen oft nach Zuwendung und Trost, die sexuelle Übergriffe mit sich bringen können. Zum anderen besteht des Öfteren auch das Bedürfnis Wut- und Hassgefühle auszuleben.

Auch die Bedeutung von Alkoholkonsum und Alkoholabhängigkeit werden bei der Diskussion über die Abnahme der Hemmungen oft erwähnt, was aber eher mit der gesellschaftlichen Akzeptanz für abweichendes Verhalten im Alkoholrausch zu tun haben mag, da dieses Argument gerade von den Tätern verwendet wird.

7.5.   Weitere Erklärungsmodelle

Auf soziologischer Ebene existieren weitere Erklärungsmodelle, die insbesondere der Verharmlosung des sexuellen Missbrauchs eine bedeutende Rolle einräumen, da durch die Medien den Menschen „Stereotype über sexuellen Missbrauch und Sexualität als Leitbilder verkauft [werden], die mit der Realität nichts oder nur wenig zu tun haben"[78].

Ebenfalls spornt das geringe Ausmaß der Bestrafung von Päderasten Menschen an, ihren pädosexuellen Neigungen nachzugehen, da keinerlei Abschreckung stattfindet.

Die Überwindung der externen Hemmungen hat etwas mit der Beaufsichtigung der Kinder zu tun. Kinder, die unter regelmäßiger Beaufsichtigung stehen und die noch ihre Mutter haben, laufen nach

---

[78] Bange 2002, S. 91

Untersuchungen geringere Gefahr missbraucht zu werden. Ein weiterer Aspekt hat mit der sozialen Stellung des Täters zu tun, ein isolierter Mensch hat weniger Hemmungen eine solche Tat zu begehen, als jemand mit einem großen sozialen Umfeld, da dieser die Befürchtung haben müsste sein Ansehen zu verlieren.

Eine weitere Theorie sieht sexuellen Missbrauch als Ausweichverhalten von Männern, „die sich von gleichaltrigen Frauen überfordert fühlen und Bestätigung bei Jüngeren suchen"[79], da diese mit dem soziokulturellen Wandel im Geschlechterverhältnis überfordert und dadurch verunsichert sind.

An dieser Stelle werden die wichtigsten Ursachen, die Pädosexualität fördern, nochmals zusammengefasst genannt. Diese Ursachen können sowohl alleine, wie aber auch in Überschneidung mit anderen Auslösern einer solchen Triebrichtung sein. Zum einen gibt es den Irrglauben, dass an den Kindern etwas gutgemacht wird, was einem selbst als Kind in Form von nicht vorhandener Elternliebe angetan wurde. Weiterhin kann es um den Versuch gehen seine eigene Kindheit, die unglücklich oder als verpasst empfunden wird, nachholen zu wollen. Es kann auch um eine Kompensierung der eigenen Persönlichkeitsmängel oder um ein Ausweichen von Problemen mit Erwachsenen gehen. Was nun im Einzelfall die genaue Ursache ist, lässt sich pauschal nicht beantworten, da die Gesamtheit des Individuums mit seiner Biographie betrachtet werden muss.

---

[79] Harten 1998, S. 117

8.   Erkennungsmerkmale von Pädosexuellen

Ob und wie ein Pädosexueller erkannt werden kann, ist eine ziemlich schwierige Angelegenheit, da es keine typischen, von außen ersichtlichen Erkennungsmerkmale, wie z.b. bei einem Schnupfen gibt und die pädosexuell veranlagten Menschen auch nicht jedem erzählen, das dies deren Neigung ist. Ganz im Gegenteil, Pädosexuelle sind von ihrem Auftreten her normale Bürger, „die Rolle des bravem Durchschnittsdeutschen saß so perfekt wie ein Maßanzug"[80]. Insofern ist es eine recht schwierige Angelegenheit in der auch sehr aufgepasst werden muss. Eine leichtfertig geäußerte Beurteilung eines Menschen kann für den Betreffenden sehr negative Folgen haben, sei es, dass er von seinem sozialen und beruflichen Umfeld verstoßen und ausgeschlossen wird, oder dass die Polizei auf einmal aufmerksam wird und dem Betroffenen mit einem Durchsuchungsbefehl begegnet.

Mit eine der wenigen Aussagen, die getätigt werden kann, ist, dass Pädosexuelle sich gerne mit Kindern umgeben, wie schon vorher dargestellt, hat dies mit der Persönlichkeit des Menschen und seinen Ängsten in Bezug auf Gleichaltrige zu tun. In der Gesellschaft hält man einen solchen Menschen dann für einen „gutmütigen Kindernarr, der sich von den Kleinen auch mal ausnutzen ließ. Und der es in den Augen seiner Arbeitskollegen mehr als faustdick hinter den Ohren hatte, zumindest, was"[81]das weibliche Geschlecht anging. Oft sind es sogar Menschen, die von den Kindern als Bezugsperson gewählt und gemocht werden, da sie das Gefühl haben, dass dieser Mensch sich gerne mit ihnen auseinandersetzt, sie versteht und zusammen eine Menge Spaß haben kann, „er sprach ihre Sprache und vermittelte das Gefühl, als gleichberechtigter Partner auf ihrer Seite zu sein"[82]. Bis zu diesem Zeitpunkt ist die Angelegenheit auch noch relativ ungefährlich. Problematisch

---

[80] Thönnissen / Meyer-Andersen 1992, S. 132
[81] Thönnissen / Meyer-Andersen 1992, S. 131-132
[82] Thönnissen / Meyer-Andersen 1992, S. 132

wird es erst dann, wenn es zu engeren Kontakten kommt. Der Pädosexuelle tastet sich dann nach einem Stufenplan vor, um die Eignung der Kinder herauszufinden. Den Anfang macht ein Softpornoheft, nach einer positiven Reaktion folgt beim nächsten Mal ein Hardcoremagazin. Als dritte Stufe folgt die Vorführung eines Filmes, welcher sexuelle Aktivitäten zwischen einem Kind und einem Erwachsenen zeigt, während der Pädosexuelle die Handlung „handgreiflich und mit aufmunterndem Kommentar"[83] begleitet. Falls das Kind diese Stufen hat über sich ergehen lassen, wird es schwierig sich wieder von der pädosexuellen Bezugsperson zu distanzieren, da der Pädosexuelle nun die Gelegenheit nutzen wird sich selber an dem Kind zu vergehen, dieses aufzeichnen wird und im Falle des Falles auch als Druckmittel gegen das Kind zu verwenden. Des Weiteren sieht das Kind den Erwachsenen noch immer als Freund an und steht in einem Gewissenskonflikt.

Das Dargestellte soll nicht bedeuten, dass Eltern ihre Kinder nicht mehr in Vereine oder Jugendgruppen geben sollten, im Gegenteil, nach Ansicht des Autors befinden sie sich dort sogar in relativer Sicherheit, da sie unter dem Schutz der Gruppe stehen. Außerdem finden die meisten sexuellen Übergriffe innerhalb der Familie oder des nächsten befreundeten Umfelds der Eltern statt. Natürlich heißt das nicht, dass die Kinder in Jugendgruppen sicher sind, aber es soll darstellen, dass es auch kein vernünftiger Weg ist, den Kindern alles zu verwehren. Sofern die Kinder vernünftig aufgeklärt sind und die Eltern einen gesunden Blick für ihre Kinder haben, ist dieses schon mal eine kleine Versicherung dafür, dass die Kinder nicht auf alles hereinfallen; es ist zwar keine Garantie aber ein Schritt in die richtige Richtung. Nun müssten alle Einrichtungen, in denen sich das Kind aufhält, sei es ein Heim, die Schule, ein Sportverein oder Jugendgruppen, ebenfalls mit einer Präventionsarbeit die Kinder entsprechend aufbauen und stärken. Wenn dieses laufen würde, wäre eine Menge unternommen worden um den Pädosexuellen den

---

[83] Thönnissen / Meyer-Andersen 1992, S. 133

Weg zu Opfern zu erschweren. Pädosexuelle argumentieren nämlich gerne, dass die Kinder es ebenfalls gewollt hätten und keinerlei Gewalt im Spiel war.

9. Umgang mit Pädosexualität in der Gesellschaft

Der Umgang mit dem Thema der Pädosexualität ist in der heutigen Gesellschaft nach wie vor ein sehr schwieriges Thema. Der Grund dafür liegt u.a. daran, dass die Pädosexuellen sich als Randgruppe der Gesellschaft verschrien haben, die zu Unrecht geächtet und diskriminiert werden würden. Dazu kommen noch einige Forderungen der Pädosexuellen, „wie die Enttabuisierung der Sexualität oder die, inzwischen ja erfolgte, Streichung des Paragraphen 175"[84], in dem es um das Verbot von homosexuellen Kontakten ging, die durchaus als unterstützenswert betrachtet werden können. Dieses Nebeneinander von richtigen Argumenten auf der einen und dem unmenschlichen Handeln auf der anderen Seite erschwert die Diskussion um Pädosexualität in der Gesellschaft. Aus den Schriften der Pädosexuellen geht hervor, dass diese beiden Forderungen, also die Legalisierung von pädosexuellen Kontakten und das Recht der Kinder auf eine freie Entfaltung ihrer Sexualität miteinander verknüpft wären. Dem ist aber nicht so und insofern sollte die Gesellschaft sich bei den Diskussionen differenzierter verhalten und die einzelnen Forderungen losgelöst von den anderen betrachten und kritisch hinterfragen. Trotz allem muss deutlich bleiben, dass es sich bei einem sexuellen Übergriff auf ein Kind um sexuellen Missbrauch und eine Straftat handelt und auch dementsprechend geahndet werden muss.

Als weiterer Aspekt darf nicht vergessen werden, dass sich „die Effekte und Folgen sexueller Gewalt [...] nicht nur auf diejenigen [beschränken], die bereits massive sexuelle Übergriffe erlebt haben, sondern [sie] wirken sich auch auf jene aus, die selbst nicht unmittelbar betroffen sind"[85], da *„die Angst von Mädchen und Frauen vor einer Vergewaltigung"*[86] tief sitzt. Daraus resultieren oft Handlungen, die eine Eingrenzung des Bewe-

---

[84] Stöckel 1998, S. 119
[85] Gahleitner 2000, S. 107
[86] Gahleitner 2000, S. 107

gungsspielraums mit sich führen. Außerdem macht die Angst sie „oft gerade zum leichten Opfer"[87].

9.1.   Sextourismus

Sextourismus bzw. in diesem Fall eher „Kinderprostitution ist eines der lukrativsten Geschäfte im Bereich der organisierten Kriminalität"[88]. „Kinder sind zu einer begehrten Ware für den internationalen Markt geworden. [...] Denn mit Kindern lässt sich viel Geld verdienen. Ob als Prostituierte"[89] oder als Dienstmädchen eingesetzt, bringen sie hohe Gewinne ein und die Nachfrage ist steigend, „das Geschäft mit Menschen ist inzwischen fast so lukrativ wie der Handel mit Drogen"[90]. Die Konsumenten, also die Menschen, die Sex mit Kinderprostituierten suchen sind größtenteils verheiratet und entsprechen dem Bild der „Biedermänner mit Reihenhaus, Kindern, Tennisclub"[91] und nicht dem eventuell erwarteten Profil des allein stehenden Mannes. Hilfsorganisationen schätzen die Zahl der Kinder, die als Prostituierte arbeiten auf 600.000 in Thailand, 400.000 in Indien und 60.000 auf den Philippinen[92]. Zusätzlich hat „sich in den letzten Jahren der Kindersextourismus unter anderem in die Grenzregionen der Tschechischen Republik ausgeweitet"[93]. Viele der besser verdienenden Pädosexuellen machen von diesem Angebot Gebrauch[94]. Nach Schätzungen von terre des hommes („terre des hommes Deutschland ist ein entwicklungspolitisches Kinderhilfswerk und fördert etwa 350 Projekte in 29 Ländern der Erde. Darunter sind Ausbildungsprojekte, Initiativen für Straßenkinder, arbeitende Kinder, Kinder in der Prostitution und Flüchtlingskinder."[95]) gehen jedes Jahr zwischen 3.000 und 10.000

---

[87] Gahleitner 2000, S. 107
[88] Falardeau 1998, S. 18
[89] terre des hommes, Kinder sind keine Ware
[90] terre des hommes, Kinder sind keine Ware
[91] Falardeau 1998, S. 18
[92] Vgl. Metzner 1996, S. 22
[93] Schauer 2002, S. 241
[94] Vgl. Bange/Enders 1995, S. 12
[95] Vgl. http://www.terre-des-hommeS. de

deutsche Pädosexuelle ihren Neigungen während Auslandsaufenthalten nach, inzwischen ist auch eine Zunahme des Frauenanteils beim Sextourismus in die so genannte 3. Welt zu beobachten[96]. Ebenfalls interessant ist die steigende Nachfrage nach immer jüngeren Kindern, was vermutlich auf die Angst vor AIDS zurückzuführen ist. Mittlerweile sind in Thailand schätzungsweise 200.000 Kinder unter 12 Jahren in der Prostitution tätig[97]. Erwähnt werden muss in dem Kontext auch noch, dass die Kinder sich im Regelfall nicht freiwillig für diesen Weg entscheiden, sondern regelrecht versklavt werden[98]. Die „minderjährigen Prostituierten [...] kommen in den meisten Fällen aus Herkunftsfamilien, in denen sie sich unterwerfen müssen"[99], „das stark ausgeprägte Wohlstandsgefälle, unzureichende Informationen und Aufklärung der Öffentlichkeit, subjektives Empfinden für straffreie Räume und Tabuisierung des Themas in der Öffentlichkeit"[100] fördern den kommerziellen sexuellen Missbrauch von Kindern. Pädosexuelle sehen die Situation der Kinder natürlich anders, aus deren Perspektive handelt es sich um einen Akt der „Wohltätigkeit", bei dem die Kinder „für eine Stunde erotische Lust" „mit einer schönen Dusche, neuen Kleidern und einer guten Mahlzeit"[101] belohnt werden. Eine andere Art des Sextourismus ist eine gemeinsame Reise des Pädosexuellen mit dem Kind ins Ausland, wo die Schutzaltersgrenze niedriger liegt und dementsprechend der Verkehr nicht als Straftat betrachtet wird. Oft geht eine pädosexuelle „Freundschaft" auch in die Prostitution über, da anfängliche Vergünstigungen und kleine Geschenke später oft in eine Bezahlung übergehen. Niemann hat erforscht, warum sich viele Kinder beim sexuellen Missbrauch nicht wehren, und fand bei über einem Viertel der Befragten als Motiv materielle Vorteile[102].

---

[96] Vgl. Bange/Enders 1995, S. 193
[97] terre des hommes, Alles käuflich? Kinderprostitution.
[98] Vgl. Metzner 1996, S. 14-22
[99] Schauer 2002, S. 242
[100] Schauer 2002, S. 241
[101] Stöckel 1998, S. 38
[102] Vgl. Wolter 1985, S. 167

Es sollte aber jedem deutlich sein, dass es sich dabei „nicht um Sexualität, sondern um Gewalt, die sexualisiert wird, also sexualisierte Gewalt"[103] handelt, bei der es dem Täter um die Befriedigung in Form der Machtausübung geht. Damit handelt es sich bei den so genannten Sextouristen um nichts anderes als um Sexualstraftäter, „die versuchen, durch Fahrten ins Ausland dem möglichen Zugriff der Strafverfolgungsbehörden zu entgehen"[104]. Ebenfalls können Aussagen, dass jemand zufällig in ein entsprechendes Etablissement gegangen ist, in denen die Möglichkeit besteht mit Kindern in Kontakt zu kommen, als falsch betrachtet werden, da dieses Vorgehen in der Regel mit einer „Herabsetzung der Hemmschwellen und dem Aufbau des so genannten „Verantwortung-Abwehr-Systems"[105] zu tun hat, da ein jeder, der eine solche Bar wirklich per Zufall betreten hat, diese auch umgehend wieder verlassen kann. Insofern sind diese Handlungen geplant und dienen der Minimierung der eigenen „noch vorhandenen Hemmschwelle und verzerrte Denkstrukturen"[106] werden verfestigt. Dies wiederum bedeutet, dass diese „Fahrten ins Ausland auch der Legalisierung weiterer Gewalttaten in Deutschland"[107] dienen. Somit muss in unserer Gesellschaft „der Themenkomplex kommerzieller sexueller Ausbeutung von Kindern – ohne zu skandalisieren - thematisiert werden"[108].

9.2. Kinderpornografie

Kinderpornografie ist eine Form des sexuellen Missbrauchs an Kindern. Der Begriff Kinderpornografie ist irreführend, da es sich „eben nicht um Pornografie, sondern um die fotografische Dokumentation einer – juristisch gesehen – Straftat, psychologisch verstanden: schweren Traumatisie-

---

[103] Sachs 2002, S. 104
[104] Sachs 2002, S. 104
[105] Vgl. Deegener 1995
[106] Sachs 2002, S. 104
[107] Sachs 2002, S. 104
[108] Sachs 2002, S. 106

rung"[109] handelt. Kinder werden „als Objekt zur Befriedigung eigener oder fremder sexueller Bedürfnisse benutzt, die sexuelle Ausbeutung wird im Bild festgehalten und dieses Zeugnis vom Leiden eines Kindes und der Gewalt eines Erwachsenen wird zu einer begehrten Ware, mit der einträgliche Geschäfte gemacht werden"[110]. „Kleinst- und Kleinkinder werden zum Zwecke von pornografischen Aufnahmen unter Drogen gesetzt, sexuell missbraucht, misshandelt und manchmal zu Tode gequält."[111] Kinderpornographie umfasst alle pornografischen Schriften, in denen sexuelle Handlungen von Kindern an sich selbst, zwischen Kindern, von Erwachsenen an Kinder und von Kindern an Erwachsene gezeigt oder geschildert werden, dieses legt §11 Abs.3 StGB fest. Nach §184 StGB ist die Herstellung, die Verbreitung und der Besitz pornografischer Schriften strafbar. Ebenfalls ist „jede Handlung, die darauf gerichtet ist, in den Besitz der kinderpornographischen Produkte zu kommen"[112] strafbar, dazu zählen auch das Aufgeben oder Beantworten entsprechender Inserate. FKK-Hefte gelten im gesetzlichen Sinne nicht als Kinderpornografie, wobei diese „hauptsächlich von Personen gekauft werden, die sexuell an Kindern interessiert sind"[113], da die in den Heften nackt abgebildeten Kinder „auf eine sehr sexualisierte Weise"[114] dargestellt sind.

Die „Hersteller und Konsumenten von Kinderpornografie [sind] so genannte Neigungstäter"[115], da sie als zusätzliche Stimulierung Kinder missbrauchen oder den sexuellen Missbrauch beobachten und filmen. Die dann entstandenen Filme werden an Gleichgesinnte weitergegeben, getauscht oder kopiert. Diese „unprofessionelle Aufmachung wird als „Home Video mit besonders authentischer Atmosphäre" verkauft"[116] und kommt später häufig in den Handel. Nach Erfahrungen der Polizei geschieht der kinderpornografische sexuelle Missbrauch „hauptsächlich im nahen sozialen Umfeld und zwar überwiegend durch den Vater, Stiefvater

---

[109] Drewes 2002, S. 265
[110] AJS 1997, S. 4
[111] Schauer 2002, S. 241
[112] AJS 1997, S. 5
[113] AJS 1997, S. 5
[114] AJS 1997, S. 5
[115] AJS 1997, S. 6
[116] AJS 1997, S. 6

oder den Lebensgefährten der Mutter"[117]. Häufig wissen andere Familien-
angehörige über die Herstellung solcher Produkte Bescheid, da dieses sich auf Dauer schwer verheimlichen lässt. Neben diesen un-
professionellen Herstellern gibt es auch noch die professionellen,
die allerdings „selbst kein sexuelles Interesse an Kinder"[118] haben, sondern sie ausschließlich als Ware betrachten. So werden die Kinder
„dann auch bezeichnet: „Grünkram", „Junge Fohlen", „Frischfleisch", „Frische
Ware", „Kleine Stuten" und weit Schlimmeres"[119] sind nur einige Beispiele
für solche Bezeichnungen. Die sexuelle Gewalt dient demnach dem
Geschäft. „Auf dem ersten weltweiten Kongress gegen sexuelle Ausbeutung
von Kindern, der im August 1995 in Stockholm stattfand, bezifferte die General-
sekretärin des UNO-Kinderhilfswerkes Unicef, Carol Bellamy, den Jahresum-
satz mit Kinderpornographie und -prostitution auf rund 500 Milliarden Mark"[120],
von dieser Summe entfallen 1,5 Milliarden Mark auf Deutschland.
Von Fachleuten der Polizei wird „die Zahl derjeniger, die als harter Pä-
dophilen-Kern bezeichnet werden (regelmäßiger Konsum kinderpornographi-
scher Erzeugnisse), auf gut 50.000 Personen"[121], geschätzt. Zu denen
müssen noch die Konsumenten via Internet, die eine anonyme
Zugriffsmöglichkeit haben, gezählt werden. Dabei handelt es sich
„wohl noch einmal [um] eine mindestens sechsstellige Zahl von gelegentlichen
Konsumenten"[122]. Aus diesen Zahlen wird noch mal sehr deutlich um
was für ein lukratives Geschäft es sich handelt und wie viele Konsumenten es allein in Deutschland gibt. Die professionell arbeiten-
den Organisationen „haben ihre Strukturen und Vertriebswege mittlerweile
straff organisieren können. Konspiratives Verhalten und geringes Risiko versprechen großen Profit mit extrem geringem Risiko, erwischt (und bestraft) zu
werden. Der Knackpunkt ist hier die Anonymität und fehlende Rahmenbedingungen für Strafverfolgungsbehörden, hier wirklich grundlegend eingreifen zu
können"[123]. Die Wege der Verbreitung laufen „überwiegend durch ver-

---

[117] AJS 1997, S. 6
[118] AJS 1997, S. 7
[119] Gerstendörfer 2002, S. 286
[120] Drewes 1997, S. 92
[121] Drewes 1997, S. 92
[122] Drewes 1997, S. 92
[123] Gerstendörfer 2002, S. 284

schlüsselte Anzeigen in Sex- und Kontaktmagazinen. Auch in gewöhnlichen Tageszeitungen, Stadtteilblättern oder Zeitschriften tauchen Anzeigen auf"[124]. Die Pädosexuellen Kreise haben entsprechende Codes entwickelt, die von der Gesellschaft als normal empfunden werden und genau das wollen diese Kreise auch, „sie verstecken sich in der Normalität"[125]. Inzwischen läuft allerdings im Bereich der Verbreitung von kinderpornografischen Produkten immer mehr über das Internet, da dieses Medium „einen relativ problemlosen Zugriff auf Darstellungen des sexuellen Missbrauchs, der in den traditionellen Medien ohne einschlägige Kontakte nur schwer möglich ist"[126] ermöglicht. „Angesichts der Schnelligkeit des Wachstums, der Unüberschaubarkeit der Angebote und den grenzüberschreitenden Charakters des Internets müssen neue Formen der Kontrolle und Selbstregulierung entwickelt und auf ihre Brauchbarkeit überprüft werden"[127]. Es soll nun aber nicht der Eindruck entstehen, dass solche Medien, wie das Internet schuld an der Verbreitung sind, „das Internet verbreitet keine Kinderpornographie. Es wird zur Verbreitung von Kinderpornographie missbraucht"[128].

Eine weitere Gefahr durch das Internet stellt die Belästigung der Kinder und die Verletzung der Persönlichkeitsrechte da. Eine „Untersuchung des „National Center of Missing and Exploration" in den USA hat festgestellt, dass ein Fünftel der befragten Kinder mit sexuellen Angeboten im Internet belästigt"[129] worden ist. Die Problematik ist nur, dass sich dieses schwer vermeiden lässt, außer es werden entsprechende Filter eingebaut, die es Kindern nicht ermöglichen auf solche Seiten zugreifen zu können. Auf der anderen Seite werden Kinder dadurch aber zum Teil auch neugierig. Und per E-Mail kann es immer noch geschehen, dass sie damit konfrontiert werden.

Grundsätzlich muss sich dementsprechend etwas mit dem Umgang des Internets ändern. Da aber keine Institution „in der Lage ist, das gesamte Internet zu sichten, sind alle Nutzer aufgefordert, kinderpornografische

---

[124] AJS 1997, S. 7
[125] AJS 1997, S. 7
[126] Schindler 2002, S. 275
[127] Schindler 2002, S. 275
[128] Drewes 1998, S. 76
[129] Schindler 2002, S. 271

Inhalte, auf die sie stoßen, sofort zu melden"[130], entsprechende Meldestellen sind in jedem Bundesland eingerichtet. Weiterhin sollten alle Anbieter eine gewisse Selbstbeschränkung vornehmen, in dem ein „Verzicht auf Darstellungen von Kindern in sexualisierten Kontexten, auf Links zu kinderpornografischen Angeboten sowie wie auf Keywords aus dem kinderpornografischen Spektrum"[131] erklärt wird. Die größeren Anbieter, sollten regelmäßig überprüfen, ob ihre Kunden sich an solche Vorschriften halten, ansonsten sollten entsprechende Seiten viel schneller aus dem Netz genommen werden. Wünschenswert wäre ferner, wenn die Anbieter von Suchmaschinen alle Begrifflichkeiten des kinderpornografischen Bereichs entfernen und entsprechende Suchanfragen auch blockieren würden. Schließlich sollte es ebenfalls noch „eine Anpassung der rechtlichen Rahmenbedingungen, z.B. die Anhebung der Altersschutzgrenze von derzeit 14 Jahren und die Pönalisierung der Darstellung von Kindern in sexualisierten Kontexten"[132] geben. Neben solchen wünschenswerten Veränderungen haben aber auch die Eltern ihren Kindern gegenüber eine Verantwortung. Es ist auf alle Fälle „sinnvoll, dass Eltern ihre Medienkompetenz erhöhen. Wenn sie selbst die Bereitschaft haben, sich an dem, was ihre Kinder interessiert, zu beteiligen, können sie ihre Kinder begleiten und eine kritische Auseinandersetzung mit den Medieninhalten anregen"[133].

9.2.1. Aktuelles Beispiel anhand der Katholischen Kirche Deutschland

„Es ist ein Problem, das keine Grenzen kennt: Immer öfter werden Fälle sexuellen Missbrauchs innerhalb der katholischen Kirche bekannt. Die schwarzen Schafe unter den Geistlichen brechen das Zölibat, indem sie sich an Kindern

---

[130] Schindler 2002, S. 276
[131] Schindler 2002, S. 276
[132] Schindler 2002, S. 276
[133] AJS 1997, S. 13

und Jugendlichen vergehen, die sie im Namen Gottes eigentlich schützen und behüten sollten"[134].

Begonnen hat die Aufdeckung des Skandals um den sexuellen Missbrauch von Kindern und Jugendlichen durch katholische Priester in den USA. Dort gab am 9. Januar 2002 der Kardinal-Erzbischof von Boston, Bernard Francis Law, neue kirchliche Bestimmungen bekannt. Er ordnete an, dass die Diözesen in Zukunft dazu verpflichtet sind, Verdachtsfälle von sexuellem Missbrauch staatlichen Behörden zu melden. Der Vatikan forderte seinerseits, dass Bischöfe Berichte von Kindesmissbrauch direkt an Rom weiterleiten müssten. Am 15. Juni 2002 hat die katholische Bischofskonferenz der USA bei ihrer Vollversammlung in Dallas strenge Richtlinien für den Umgang mit Priestern beschlossen. Danach darf ein des Missbrauchs überführter Geistlicher nie mehr als Priester arbeiten. Er kann auch aus dem Klerikerstand entfernt werden. Alle Anschuldigungen müssen zudem den staatlichen Behörden gemeldet werden[135].

Den Stein ins Rollen brachte der Prozess gegen den Priester John Geoghan. Dieser soll mehr als hundert Kinder missbraucht haben. Derzeit verbüßt er eine zehnjährige Freiheitsstrafe wegen sexuellen Missbrauchs eines Zehnjährigen. Besonders pikant ist der Fall, weil der Bostoner Bernard Kardinal Francis Law von den sexuellen Übergriffen Geoghans wusste. Er versetzte ihn jahrelang von einer Gemeinde in die nächste, um ihn vor strafrechtlicher Verfolgung und die Diözese vor schlechter Presse zu schützen. Dieser Fall ist symptomatisch[136].

Der Skandal hat auch in Deutschland das Thema Kindesmissbrauch durch Priester in den Blickpunkt der Öffentlichkeit gerückt. Zwar ist Kindesmissbrauch kein katholisches, sondern ein gesellschaftliches Phänomen. Doch die Kirche als Hüterin von Moral und Nächstenlie-

---

[134] Vgl. http://www.spiegel.de/sptv/magazin/0,1518,208133,00.html
[135] Vgl. http://www.usccb.org/bishops/normS.html
[136] Vgl. http://www.kirchensite.de

be gerät in besondere Erklärungsnot. Sie müsste stellvertretend für die Gesellschaft „vorbildlich" mit dem Problem umgehen.

Der Papst rief Ende April 2002 die amerikanischen Kardinäle und den Vorsitzenden der US-Bischofskonferenz, Bischof Wilton Gregory, nach Rom. Dort stellte der Papst Maßstäbe für den Umgang mit Priestern, die sich an Kindern sexuell vergangen hatten, auf.

Der Ständige Rat der Bischofskonferenz in Deutschland tagte im April 2002 kurz nach den Beratungen im Vatikan. Die deutschen Bischöfe konnten sich nicht auf ein einheitliches und allgemeinverbindliches Regelsystem einigen. Es sei stattdessen Sache der einzelnen Bistümer, Verdachtsfällen nachzugehen, so die Bischöfe. Jede Diözese müsse über ihre Vorgehensweise selbst entscheiden können.

Ende Juli 2002 ging Lehmann in die Offensive. In einem Beitrag in der Frankfurter Allgemeinen Zeitung[137] kündigte er an, dass er ein energisches und gemeinsames Vorgehen der Bischöfe gegen den sexuellen Missbrauch durch Priester anstrebe. Anfang August 2002 entschieden sich die meisten der 27 Diözesen in Deutschland dafür, nationale Richtlinien für die Regelung von Fällen sexuellen Missbrauchs durch Priester aufzustellen[138].

Nun werden verbindliche Regeln für den Umgang mit Missbrauchsfällen eingeführt. Das Leid der Opfer und ihrer Familien soll in den Vordergrund rücken, Not-Telefone werden eingerichtet, Fehler werden eingeräumt[139].

Auf ihrer Herbst-Vollversammlung, ab dem 23. September, einigen sich die Bischöfe auf ein einheitliches Vorgehen. Dieses soll größere Transparenz und besseren Opferschutz ermöglichen. Die dazu gehörige Pressemitteilung der Deutschen Bischofskonferenz mit den Leitlinien und den Erläuterungen vom 27.09.2002 ist im Anhang angefügt.

---

[137] Vgl. http://www.kath.de/bistum/mainz/mbn/2002/pm_paed_leh_220702.htm
[138] Vgl. http://www.kirchensite.de
[139] Vgl. http://www.wir-sind-kirche.de

Was die Aufklärung sexueller Vergehen betrifft, ist die deutsche Kirche im Vergleich zu anderen Ländern Schlusslicht. Doch auch weltweit hat es bislang nur wenige zivile Strafverfahren gegen Priester gegeben. Meistens wurden die Fälle innerkirchlich geregelt, um Aufsehen zu vermeiden.

Nach Schätzungen von Experten sind 200 - 300 der 18.000 katholischen Priester in Deutschland sexuell auf Kinder beziehungsweise auf Jugendliche fixiert[140].

Gegen mehrere Priester laufen derzeit in der Bundesrepublik Deutschland Verfahren wegen sexuellen Missbrauchs.

Als mitverantwortlich für die Übergriffe der Priester werden immer wieder die christliche Sexualmoral und der Zwangszölibat der Priester genannt, diese Diskussion läuft allerdings sehr kontrovers. Die ehemalige katholische Theologieprofessorin und eine der schärfsten Kritikerinnen des Vatikans, Uta Ranke-Heinemann, sieht im Zölibat die Hauptursache für sexuelle Verfehlungen von Priestern[141]. Der Sexualpädagoge Norbert Kluge führt dazu aus, dass wo sexuelle Fragen ausgeklammert werden, Probleme wie Kindesmissbrauch entstehen können. Wird Sexualität tabuisiert werde es sogar einfacher, Straftatbestände zu vertuschen. Für Kluge ist es das grundsätzliche Verhältnis zur Sexualität, das die Kirche in Konflikte bringt. Doch ein ursächlicher Zusammenhang zwischen Zölibat und Pädophilie lasse sich nicht wissenschaftlich nachweisen[142]. Die niederländische Pastoralpsychologin Anke Hoenkamp dagegen „sieht keinen Zusammenhang zwischen Zölibat und Kindesmissbrauch. Sie sieht die Ursachen eher darin, dass in der theologischen Ausbildung lange der Schwerpunkt auf Rationalität lag, Gefühle würden verdrängt. Dadurch verschwinde die Fähigkeit, emotionale Intimität zu entwickeln. Eine andere Ursache sieht sie darin, dass es als Ideal gilt, sich selbst zu Gunsten anderer zu vergessen. In letzter Konsequenz könne dies dazu führen, dass Geistliche sich vor den eigenen Gefühlen verschließen und dadurch auch die Gefühle anderer nicht mehr wahrnehmen können. Bei sexuellem Missbrauch führt dies zu Reaktionen wie:

---

[140] Vgl. http://www.spiegel.de/panorama/0,1518,206348,00.html
[141] Vgl. http://www.spiegel.de/panorama/0,1518,193261,00.html
[142] Vgl. http://www.swr.de/thema/archiv/020823_tatortkirche/

„Ich habe doch nichts getan.""[143] Ob und inwiefern das Zölibat nun wirklich eine Rolle spielt kann nur spekuliert und nicht geklärt werden.

Weitere Informationen und Texte sind auf http://www.kirchensite.de und http://www.spiegel.de/sptv/magazin/0,1518,208133,00.html einzusehen.

---

[143] http://www.swr.de/thema/archiv/020823_tatortkirche/

10. Selbstdarstellung von Pädogruppen

Wie bereits erwähnt stellen sich Pädosexuellenorganisationen gerne als Randgruppe der Gesellschaft dar, welche zu Unrecht diskriminiert werden würden. Bei Recherchen über solche Gruppierungen lässt sich allerdings sehr schnell herausfinden, welchen Zweck sie damit verfolgen. „Pädosexuelle, deren Ziel es ist, sexuelle Handlungen von Erwachsenen an Kindern zu verharmlosen, möglichst gar zu legalisieren, versuchen immer wieder, Vereinigungen oder eingetragene Vereine zu gründen, nutzen ungehindert das Internet als freie Plattform, um sich „auszutauschen" und auf ihre Position aufmerksam zu machen, nicht selten unter dem Deckmantel der „Kinderliebe". Sie setzen sich auch für eine Gesetzesänderung ein, „dass in Zukunft einvernehmliche und schadensfreie Sexualkontakte zwischen Erwachsenen und Kindern nicht mehr strafrechtlich belangt werden können und dass zur Beurteilung der Einvernehmlichkeit allein der unverfälschte Wunsch und Wille des Kindes ausschlaggebend ist"[144]. Oft bieten sie „dort unter dem Deckmantel der „Kinderliebe" offen Tipps, Adressen, Bücher und Filme an die „Einblicke in das kindliche unverfälschte Sexualleben geben"[145]. Zusätzlich sind auf solchen Seiten rechtliche Ratschläge zu finden, die den richtigen „Umgang mit Polizei, Staatsanwaltschaft und Gericht"[146] darstellen. „Hausdurchsuchung für/bei Jedermann"[147] und „Rechtstipps für den Ernstfall"[148] sind zwei weitere „Hilfen" für den Pädosexuellen, die auch Verhaltensanordnungen beinhalten. Zusätzlich gibt es dann auch eine so genannte Information für Kinder und Jugendliche, bezeichnet als „Juppheidi-Juppheida-Verhör-Vernehmung-Razzia"[149]. Deutlich wird, dass die Darstellungsweisen lediglich das Problem des sexuellen Missbrauchs von Kindern verharmlosen und die Täter vor Bestra-

---

[144] http://www.schotterblume.de/verein/news/060.htm
[145] Presseerklärung zur Petition gegen pädophiles Gedankengut
[146] Die Pädo Seite
[147] Die Pädo Seite
[148] Die Pädo Seite
[149] Die Pädo Seite

fung schützen sollen. „Die Anschauungen sind aber, insbesondere auch unter dem Gesichtspunkt der gegenwärtigen breiten Diskussion in den Medien und der Öffentlichkeit über den Missbrauch von Kindern und besonders die schlimmen Vorkommnisse in Belgien, mit den herrschenden ethischen Anschauungen nicht vereinbar"[150]. In diesen Papieren, die auf entsprechenden Seiten von Pädosexuellenorganisationen zu finden sind, wird der sexuelle Missbrauch als Problem verharmlost oder sogar als legitim bzw. nicht strafbar, weil von den Kindern selbst gewollt, dargestellt, wie folgende zitierte Passagen beweisen:

aus „Info für Kinder":

„Mit wem könntest Du über Deine wirklichen Gefühle, Wünsche und Erlebnisse sprechen? Mit einem Freund oder einer Freundin? Mit Deiner Mutter oder Deinem Vater? Mit Deinem Bruder oder Deiner Schwester? Wer würde Dich am besten verstehen?

Wenn Du Fragen hast oder uns etwas sagen willst, dann kannst Du an uns schreiben. Die Anschrift steht vorne auf diesem Blatt. Wir sind Erwachsene, die Jungs oder Mädchen mögen und manchmal auch Lust haben, mit ihnen Zärtlichkeiten ... auszutauschen.

Bei Problemen hilft Dir auch der Deutsche Kinderschutzbund. Den gibt es in jeder Großstadt. Die Nummer findest Du im dortigen Telefonbuch oder bekommst sie von der Telefonauskunft 01188.

Das Gesetz

Es steht jedem frei, normal, schwul oder auch pädophil zu sein, man darf nur niemanden zu Sex zwingen und man darf keinen Sex mit Kindern haben.

Alles Sexuelle ist mit einer Person unter 14 Jahren (= Kind) gesetzlich verboten. Dabei ist es egal, ob es der Junge oder das Mädchen selbst will oder nicht, ob es ihm gefällt oder nicht und ob es ihm schadet oder nicht.

Unter bestimmten Umständen ist aber auch Sex mit Jugendlichen beiderlei Geschlechts zwischen 14 und 16 Jahren verboten: wenn z.B. ein Erwachsener eine Notlage dafür ausnützt oder wenn er dafür Geld verspricht oder gibt oder

---

[150] Verfügung der Stadt Frankfurt

wenn ein Jugendlicher noch nicht selbst entscheiden kann, ob er Sex haben will oder nicht.

Eltern, Lehrern, Erziehern ... ist außerdem jede sexuelle Handlung mit ihren Kindern oder den von ihnen abhängigen Kindern und Jugendlichen verboten.

Wir meinen: Schutz ja, Sexverbot nein!

Es ist klar: Kinder brauchen Schutz, z.B. vor Sex, wenn sie ihn nicht selbst wollen. Dann müssen Kinder nein sagen können. Dafür muss es auch Gesetze geben.

Wenn ein Unter-14-Jähriger aber Sex mit einem Jugendlichen oder Erwachsenen will, dann sollte der ältere Freund auch mitmachen dürfen. Das heutige Gesetz erlaubt ihm das aber nicht. Machen es beide trotzdem und erfährt es jemand, dann kann es ganz große Schwierigkeiten geben.

Wir setzen uns dafür ein, dass das heutige Gesetz so geändert wird, dass in Zukunft immer der Wunsch und Wille des Kindes zählt. Sexuelle Wünsche und Aktivitäten haben nämlich auch schon Kinder"[151].

Als zweites ein paar Zitate aus Juppheidi - Juppheida - Verhör - Vernehmung - Razzia":

„Denk daran: NIEMAND kann gezwungen werden, vor der POLIZEI auszusagen! Du musst dort nur deine Personalien angeben (Name, Adresse, Geburtsdatum, Geburtsort, Staatsangehörigkeit und Beruf, z.B. Schüler). Gefragt wirst du immer nach allem möglichen, lass dich nicht durcheinander bringen, wenn einer behauptet, du müsstest noch mehr angeben (wie z.B. Eltern, Schule, Arbeitsplatz usw.). Stimmt nicht! VORSICHT! NICHTS UNTERSCHREIBEN!
Telefonnummern und Adressen deiner Freunde lernst du am besten auswendig. Wenn sie nämlich gefunden werden, wird damit der Polizeicomputer gefüttert. Vorsicht, damit andere Personen nicht unnötig verhört werden.
Fall bloß nicht auf die TRICKS der Polizei herein, z.B. wenn sie dir versprechen, ein gutes Wort für dich einzulegen, oder plump- vertraulich tun ("das bleibt unter uns, Ehrenwort ..."), damit du etwas aussagst, was du eigentlich nicht aussagen willst. Außer deinen Personalien musst du nichts angeben! Gerade bei Sexfällen braucht die Polizei unbedingt deine Aussage oder dein Geständnis (schriftlich, d.h. du sollst zum Schluss dein Aussageprotokoll unterschreiben).
Lass dich nie reinlegen, z.B. wenn sie behaupten, sie wüssten schon alles (warum fragen sie dann?), oder wenn sie sagen, "der andere hat ja schon alles

---

[151] VSG e.V. 1995

zugegeben" (das ist nur ein altbekannter Trick, um von dir ein schriftliches Geständnis zu erreichen). Manchmal sagen sie, dein Freund hat schon alles zugegeben, sie wollen es nur noch mal bestätigt haben. Meistens ist das gelogen! Dein Geständnis halten sie dann deinem/n Freund/en siegessicher unter die Nase! Vorsicht!, auf keinen Fall etwas zugeben, was sie dir vorsagen! Lass dich auch nicht einschüchtern! Manchmal drohen sie sogar mit Schlägen, obwohl sie das nicht dürfen!

Geh jedenfalls nicht allein zum Verhör, nimm am besten deine Eltern mit. Die Kripo ist oft anfangs sehr freundlich. Oft sind es auch zwei Beamte. Der eine macht auf "harte Tour" und der andere auf "weiche Welle".

Wenn deine Eltern darauf bestehen, dass du zur polizeilichen Vernehmung gehst, brauchst du dort trotzdem nicht auszusagen, nur deine Personalien angeben musst du (siehe oben). Wenn deine Eltern mitkommen, kann es sein, dass die Polizisten deine Eltern bitten hinauszugehen. Sag den Polizisten, dass du das nicht willst, auch wenn sie noch so freundlich bitten, denn sonst fühlen sie sich ungestört und können dann ganz anders. Das bringt natürlich nur etwas, wenn deine Eltern in Ordnung sind, sonst ist es besser, wenn sie nicht beim Verhör dabei sind (auch dann musst du nur deine Personalien angeben!).

Informiere sofort hinterher deine(n) Freund(e) und alle, die es wissen müssen! Ruf vorsichtshalber nicht von zu Hause aus an, sondern benutze eine öffentliche Telefonzelle, damit du ungestört reden kannst. Die privaten Apparate werden manchmal abgehört.

Als BESCHULDIGTER musst du nirgendwo aussagen, auch nicht vor STAAT-SANWALTSCHFT oder GERICHT. Wenn du einer Straftat beschuldigt wirst, brauchst du nicht deine Unschuld zu beweisen!

Alles, was du aussagst, kann gegen dich verwendet werden. Es gilt immer noch: Reden ist Silber, Schweigen ist Gold!

Als ZEUGE musst du in der Regel vor dem Staatsanwalt oder dem Richter aussagen, aber unter bestimmten Voraussetzungen (z.B. gegen Eltern oder Geschwister) brauchst du das nicht einmal als Zeuge; das nennt man Zeugnisverweigerungsrecht. Hierzu fragst du am besten einen Anwalt. Erzähle auf keinen Fall mehr, als man dir Fragen gestellt hat. Alles, was du aussagst, kann unter Umständen auch gegen dich verwendet werden. So wurde schon aus manchem Zeugen plötzlich ein Angeklagter.

Sprich vor deiner Aussage erst mit Leuten, die sich mit den Gesetzen gut auskennen, am besten mit einem Rechtsanwalt. Du könntest sonst etwas sagen, was dir hinterher leid tut! Erinnern können musst du dich natürlich auch als

Zeuge vor dem Staatsanwalt und Gericht nicht, vergessen kann ja schließlich jeder mal etwas"[152].

Allein aus den Inhalten dieser beiden Flugblätter wird deutlich, dass die Pädosexuellenorganisationen andere Ziele verfolgen, als sie offen zugegeben und gehören nach Meinung des Verfassers für verboten, die Inhalte dieser Seiten ebenfalls aus dem Internet genommen, da sie eine Verharmlosung der Pädosexualität darstellen und versuchen Kinder für sich zu gewinnen und ihnen eine falsche Moralvorstellung zu vermitteln.

Dieses sind noch so mit die harmlosesten Offenbarungen während der Recherche gewesen, so dass auch an dieser Stelle mit dem Kapitel abgeschlossen wird.

---

[152] Stüben 1998

11.   Schädigung der Betroffenen

Kinder und Jugendliche, die sexuell missbraucht wurden, leiden (auch als Erwachsene noch) unter körperlichen und seelischen Folgen. Eine Abscheu vor allem Sexuellen, Entfremdung des eigenen Körpers, Essstörungen (Magersucht, Bulimie) u.a. psychosomatische Erkrankungen (z.B. der Unterleibsorgane, der Haut, Kopfschmerzen), Ängste, Schlafstörungen, mangelnde Selbstsicherheit und Misstrauen auch gegenüber allgemeinen sozialen Kontakten, Drogenabhängigkeit und Selbstmord können mit erlittenem sexuellem Missbrauch zusammenhängen.

Im Folgenden werden die möglicherweise auftretenden Folgeerscheinungen von sexueller Gewalt im Einzelnen aufgezählt und belegt.

11.1.   Psychosomatische Symptome

„Verschiedene Studien belegen, dass ein Teil der sexuell missbrauchten Kinder und Erwachsenen mit psychosomatischen Beschwerden reagiert. Durch Kopf-, Hals-, Magen- und Unterleibsbeschwerden ohne erkennbare Ursachen, durch Eß- und Schlafstörungen, Erstickungsanfälle und Sprachstörungen bringen sie ihre leidvollen Erfahrungen zum Ausdruck"[153].

Ebenfalls können psychosomatische Hauterkrankungen, wie Flechten, Allergien etc. durch sexuellen Missbrauch ausgelöst werden. Oft werden Hauterkrankungen durch Einwirkung von Luft und Sonne, als Beispiel im Sommer gemildert. Im Falle einer durch sexuellen Missbrauch hervorgerufenen psychosomatischen Hauterkrankung ist häufig gegenteiliges zu beobachten. Dieses hängt mit dem

---

[153] Bange 1992, S. 39

„Wunsch" der Betroffenen zusammen sich möglichst unattraktiv darzustellen[154].

Weitere psychosomatische Folgen im Überblick:

- Unterleibsbeschwerden: Direkter Zusammenhang zwischen organischen Erkrankungen, wie starken Unterleibsbeschwerden, Zysten, Verwachsungen und Ge-
  schwulsten und sexuellem Missbrauch sind existent.[155]
- Erstickungsanfälle, Asthma: Verbindung zwischen der
  Tat in der Form von Zuhalten des Mundes u.ä. und sol-
  chen Anfällen sind belegt.[156]
- Schlafstörungen: Untersuchungen haben belegt, dass
  viele Missbrauchsopfer Schlafproblem haben.[157]
- Ablehnung des eigenen Körpers: Viele Opfer haben das
  Gefühl beschmutzt und dreckig zu sein. Sie ekeln sich
  sowohl vor dem Täter als auch vor ihrem eigenen Kör-
  per.[158]
- Essstörungen: Viele magersüchtige und bulimische
  Frauen haben eine Vorgeschichte des sexuellen Miss-
  brauchs.[159]
- Sprachstörungen: Häufig sind das Fehlen von verbalen
  Erzählungen und das Übergewicht von Bildern und körperlichen Empfindungen typisch für das Auftauchen von
  Erinnerungen an traumatischen Szenen. Kinder glauben
  oft, dass sie nicht über die Tat des sexuellen Missbrauchs sprechen dürfen.[160]

---

[154] Vgl. Wildwasser 1992, S. 41
[155] Vgl. Steinhage 1985, S. 52
[156] Vgl. Bange 1992, S. 155
[157] Vgl. Moggi / Clémecon 1993, S. 9
[158] Vgl. Bange 1992, S. 156
[159] Vgl. Willenberg 2000, S. 311-315
[160] Vg. Steinhage 1985, S. 44

11.2. Psychotische Symptome

Aus mehreren Studien geht hervor, dass Erwachsene, die als Kinder sexuell missbraucht worden sind, häufiger an psychotischen Erkrankungen leiden als die Allgemeinbevölkerung. In diesem Kapitel werden die einzelnen Krankheitsbilder benannt und kurz belegt:

- Boderline-Persönlichkeitsstörung: Es hat sich herausgestellt, „dass sehr früher sexueller Missbrauch eine tiefgehende Identitätsstörung bewirken kann, die diagnostisch als Borderline-Persönlichkeitsstörung zu bezeichnen ist"[161].

- Multiple Persönlichkeitsstörung (MPS): MPS entsteht als Folge extremer, insbesondere sexueller Traumatisierung innerhalb frühester Identitätsentwicklung. „Mittels Persönlichkeitsveränderung ist es dem kindlichen Opfer möglich, den Missbrauch in der Phantasie zu bewältigen, ohne dass der Missbrauch oder die Bewältigungsstrategien in das normale Bewusstsein gelangen"[162].

- Depressionen: Missbrauchopfer leiden häufiger an Depressionen als die allgemeine Bevölkerung. Viele Experten betrachten Depressionen geradezu als symptomatisch. [163]

- Regressive Verhaltensweisen: Gerade kleine Kinder zeigen infolge eines sexuellen Missbrauchs regressive Verhaltensweisen.[164]

---

[161] Wirtz 2001, S. 83
[162] Herman 1993, S. 144
[163] Vgl. Conte 1988, S. 316 u. 320
[164] Vgl. Hirsch 1994, S. 218

11.3.   Soziale Folgeerscheinungen

Neben den bisher dargestellten psychosomatischen und psychotischen Symptomen kann und hat sexueller Missbrauch auch soziale Folgeerscheinungen. Diese können im Einzelnen folgende sein:

- Ängste: Viele Kinder leiden nach sexuellen Übergriffen an Ängsten. Diese können zum einen mit der Befürchtung vor erneutem Missbrauch, der Androhung von körperlicher Gewalt oder der Angst, dass ihnen nicht geglaubt wird zusammenhängen. Zum anderen entwickeln sich Ängste, die nur im Entferntesten einen Bezug zur Tat erkennen lassen[165].

- Schlechtes Selbstwertgefühl, unangenehme Gefühle: Betroffene von sexuellen Übergriffen haben diesen oft als Demütigung erlebt und es entwickelt sich häufig ein schlechtes Selbstwertgefühl und das Vertrauen in die eigenen Fähigkeiten lässt nach. Als unangenehme Gefühle bezeichnen Betroffene Ekel, Verwirrung, Scham und Hilflosigkeit.[166]

- Misstrauen, Beziehungsschwierigkeiten, sozialer Rückzug: Im Vorfeld des sexuellen Missbrauchs haben die Kinder meistens ein Vertrauensverhältnis zum Täter gehabt, das mit der Tat einen Bruch erlebt. Dieses Erlebnis stellt ein großes Hindernis für den Aufbau neuer Beziehungen dar. Bei sexuell missbrauchten Kindern zeigen sich zusätzlich noch Rückzugsverhaltensweisen. Oft haben sie Schwierigkeiten neue Freundschaften zu entwikkeln und vorhandene Freundschaften aufrechtzuerhalten.[167]

---

[165] Vgl. Steinhage 1985, S. 41 f.
[166] Vgl. Bange 1992, S. 149
[167] Vgl. Moggi / Clémecon 1993, S. 9 und Bange 1992, S. 43

- Aggressive Verhaltensweisen: Viele Kinder zeigen aggressive Verhaltensweisen als eine Form der Reaktion auf sexuellen Missbrauch. In einer Untersuchung von Gomez-Schwartz zeigte fast die Hälfte der untersuchten Kinder ein als pathologisch bewertetes Aggressionsverhalten. Kinder, die sexuell missbraucht worden sind geraten auch häufiger mit dem Gesetz in Konflikt als ihre Altersgenossen, die nicht missbraucht worden sind.[168]

- Autoaggressionen: Einige Opfer von Missbrauch verletzen sich selbst, beispielsweise „ritzen sie die Arme" oder verbrennen sich absichtlich mit Zigaretten. Diese Autoaggressionen sind häufig Ausdruck des Bedürfnisses, sich selbst zu bestrafen. Allerdings können sie ebenfalls den Zweck haben, in all der Abspaltung und Abwesenheit einer dissoziativen Welt wenigstens noch irgendetwas zu spüren, selbst dann, wenn es nur Schmerz ist.[169] Oft stellen Missbrauchsopfer auch Suizidüberlegungen an und unternehmen teilweise auch dementsprechende Versuche. Auffällig bei männlichen Missbrauchsopfern ist das pyromanische Verhalten, also der Reiz mit dem Feuer zu spielen.[170] Autoaggressive Verhaltensweisen dienen als Ausdruck der Wut, die sich gegen das Opfer statt gegen den Täter richten. Hintergrund ist die Wut auf den Körper als Verräter, der unter Umständen in der Missbrauchssituation mit physischer Lust reagiert hat.[171]

- Alkohol- und Drogenkonsum: Für viele Alkohol- und Drogenabhängige war der sexuelle Missbrauch ein Grund zum Einstieg in den Drogenmissbrauch. Es ist aber nicht allein sexueller Missbrauch, sondern darüber hinaus eine auf mehreren Ebenen fassbare psychische und soziale

---

[168] Vgl. Bange 1992, S. 43
[169] Vgl. Enders 1990, S. 83
[170] Vgl. Outsem 1993, S. 51
[171] Vgl. Wirtz 2001. S. 108

Misshandlung und Verwahrlosung, die mit der Abhängigkeit von psychotropen Substanzen einhergeht.[172]

11.4.   Gesellschaftliche Auswirkungen

Die Folgen von sexuellem Missbrauch erleben nicht nur die direkt Betroffenen, sondern sie wirkt sich auch auf die gesamte Gesellschaft aus. Als Beispiel sei hier noch mal die Angst vor einer Vergewaltigung von Frauen und Mädchen genannt, die dazu führt, dass sie aus Angst ihre eigenen Bewegungsspielräume eingrenzen.

Ein weiteres Problem stellt die Furcht dar, jemanden über einen selbst erlittenen oder bei anderen vermuteten sexuellen Missbrauch zu informieren. Dieses ist ein schwerer Schritt, weil es oft gleichzeitig bedeutet, die Schuld des Täters offen zu legen. Wenn es ein Verwandter oder Bekannter ist, verändert sich dadurch fast immer die Situation für die ganze Familie oder Lebensgemeinschaft. Oft wird deshalb dem Opfer die „Verantwortung" dafür auferlegt. Das ist falsch. Manchmal dauert es Jahre, bis man dies erkennt und den Mut findet, sich jemandem anzuvertrauen.

---

[172] Vgl. Krausz / Lucht / Freyberger 2000, S. 319-344

12.   Präventionsarbeit

Das Wichtigste im Bereich der Präventionsarbeit ist eindeutig die Stärkung der Selbstbestimmung der Kinder und der Jugendlichen über ihren Körper, ihre Liebes- und Zärtlichkeitsgefühle. Das ist die tragendste Säule der Prävention, die wichtigsten Ziele präventiver Arbeit mit Kindern sind:

- „Kinder sollen so selbstbewusst und autonom werden, dass sie in der Lage sind, gefährliche Situationen und sexuelle Übergriffe zu erkennen.
- Kindern soll das Gefühl und das Wissen vermittelt werden, dass sie sich wehren können und dürfen.
- Kindern sollen Widerstandsformen beigebracht werden, die ihnen helfen können, einen sexuellen Missbrauch zu vermeiden oder einen laufenden aufzudecken".[173]

Präventionsarbeit darf nicht zur Folge haben, dass das Selbstbewusstsein der Kinder leidet. Im Gegenteil, durch die Prävention muss den Kindern Kraft und Mut gegeben werden und sie müssen in ihren Rechten und Kompetenzen gestärkt werden. Von dieser Sichtweise ausgehend, haben sich folgende acht Themen als zentral für die präventive Erziehung herausgestellt[174]:

- Mein Körper gehört mir!: Den Kindern wird vermittelt, dass ihr Körper ihnen gehört und dass sie das Recht haben, über ihn zu bestimmen.
- Ich kann mich auf meine Gefühle verlassen und ihnen vertrauen!: Kinder sollen lernen, sich auf ihre eigenen Gefühle und Intuitionen zu verlassen, wenn sie den Eindruck haben, dass etwas nicht in Ordnung ist.

---

[173] Bange 1998, S. 27
[174] Vgl. Bange 1998, S. 27-28 und Lohaus / Trautner 2000, S. 456-469

- Es gibt gute, unangenehme und komische Berührungen!: Kinder sollen aggressive und sexuelle Berührungen als solche erkennen können.

- Ich darf „Nein" sagen!: Kindern soll vermittelt werden, dass sie das Recht zum „Nein-Sagen" haben, wenn mit ihnen etwas geschieht, was sie nicht wollen.

- Es gibt gute und schlechte Geheimnisse.: Kinder sollen lernen, dass es Geheimnisse gibt, die sich nicht für sich behalten müssen. Viele Täter deklarieren den sexuellen Missbrauch als ein Geheimnis, welches das Kind nicht weiter tragen darf.

- Ich darf Hilfe holen und darüber sprechen, auch wenn es mir ausdrücklich verboten wurde!: Kinder sollen lernen, dass sie über Probleme reden sollen und sich nicht entmutigen lassen, falls ihnen mal nicht zugehört werden sollte.

- Kein Erwachsener hat das Recht, Kindern Angst zu machen!: Kinder sollen erkennen, dass sie auch unter Androhung von Gewalt das Recht haben, nach Hilfe zu fragen.

- Welches Kind/ welcher Erwachsener kann Dir helfen?: Kinder erhalten Informationen über Personen und Institutionen, bei denen sie um Unterstützung und Hilfe bitten können.

Weiterhin sind folgende vier Punkte ebenfalls von zentraler Bedeutung für die Präventionsarbeit, da gerade Kinder im Vorschulalter schwer zu vermitteln ist, was sexueller Missbrauch ist:

- Welche Handlungen sind sexueller Missbrauch?: Kinder sollen lernen, welche Handlungen zulässig und welche nicht zulässig sind.

- Wer kann alles ein Täter sein?: Da nicht nur Fremde als Täter in Frage kommen, müssen die Kinder lernen, dass Täter auch aus dem nahen Bekannten- und Familienkreis stammen können.

- Was sind sexuelle Handlungen?: Damit Kinder über den sexuellen Missbrauch reden können, müssen ihnen Begrifflichkeiten nahe gebracht werden, mit denen sie sexuelle Handlungen beschreiben können.

- Wer ist schuld?: Kindern soll vermittelt werden, dass der Täter die alleinige Verantwortung für einen solchen Übergriff trägt und nicht das Kind.

Die zweite Säule der Prävention stellt die Stärkung des Verantwortungsbewusstseins und die Erweiterung der Erlebnis- und Beziehungsfähigkeit bei den Tätern dar. Dieses kann in Form von Therapien stattfinden. „In solchen Therapien sollte zuerst die von fast allen Tätern gezeigte Verleugnung der Tat und ihre Folgen angegangen werden".[175] Dieses ist zwingend erforderlich, da eine Arbeit mit den emotionalen Defiziten, welche den Täter aus eigenen Verletzungen und seiner Lebenswirklichkeit geprägt hat, erst dann möglich ist, wenn er Verantwortung für seine Taten übernommen hat. Daraufhin müssen die falschen Vorstellungen von Sexualität, Aggression und Männlichkeit thematisiert und revidiert werden. Durch eine solche Therapie könnte verhindert werden, dass sich abweichendes Verhalten bei Jugendlichen verfestigt[176] und die Rückfallquote bei Erwachsenen könnte reduziert werden.

Die dritte Säule der Präventionsarbeit ist die Elternarbeit. Diese ist zweiseitig. Auf der einen Seite müssen die Eltern über Inhalte und Methoden präventiver Maßnahmen informiert werden und zum anderen sollte versucht werden, sie für eine solche Arbeit zu begei-

---

[175] Bange 1998, S. 24
[176] Vgl. Bullens 1993, S. 398

stern, damit sie die Prävention mittragen und nicht gegen ein solches Programm arbeiten. Dabei ist es „insbesondere wichtig, auf mögliche Vorbehalte der Eltern vorbereitet zu sein, um angemessen darauf eingehen zu können"[177]. Weitere Aspekte für eine Präventionsarbeit mit Eltern ist daraus resultierende längerfristige Arbeit und die Sensibilisierung der Eltern für Verhaltensweisen ihrer Kinder. „Eltern können durch Beobachtung von Äußerungen und Verhalten ihrer Kinder dazu beitragen, dass ein möglicher sexueller Missbrauch rechtzeitig erkannt wird"[178].

Trotz allem muss allen Beteiligten bei präventiven Maßnahmen „klar sein, dass mit solchen Programmen nur ein Beitrag geliefert wird, der einen sexuellen Missbrauch weniger wahrscheinlich macht, dass Missbrauchssituationen jedoch niemals gänzlich verhindert werden können"[179]. Eine wirklich sinnige Prävention kann auch nur dann gewährleistet sein, wenn wirklich alle Beteiligten involviert sind und alle drei Säulen der hier dargestellten Präventionsarbeit umgesetzt werden. Auch wären Schulungen in dem bereich für Lehrer und Sport-, Kinder- und Jugendgruppenleitern sinnig, da auch diese Personen neben den Eltern einen wichtigen Erziehungsauftrag in unserer Gesellschaft haben.

---

[177] Lohaus / Trautner 2000, S. 467
[178] Lohaus / Trautner 2000, S. 467
[179] Lohaus / Trautner 2000, S. 468

13.   Schlussbemerkung

An dieser Stelle ist diese Arbeit an ihrem Ende angekommen. Es sind mangels Zeit und Umfang einer solchen Arbeit bestimmt nicht alle Aspekte des Phänomens Pädophilie dargestellt und behandelt worden. Bei einem solchen Thema und aufgrund des aktuellen Stands der Forschung ist dieses aber auch nicht möglich. Solange sich die Aufklärungsarbeit in diesem Bereich und der Umgang mit diesem Thema nicht ändert, werden nur ganz kleine Schritte in Form einer Verbesserung möglich sein. An den aktuellen Diskussionen in den Medien kann auch gesehen werden, dass täglich neue erschreckende Handlungen an das Tageslicht kommen und auch noch kommen werden. Auf der anderen Seite kann diesem Themenkomplex aber auch mit Hoffnung begegnet werden, da zumindest die Politik und die Kirche den Anschein erweckt, wirklich etwas unternehmen und ändern zu wollen.

Die wichtigsten Aspekte in diesem Bereich liegen in der Präventionsarbeit. Zum einen können Kinder, also die potentiellen Opfer, dadurch gestärkt und aufgeklärt werden. Zum anderen können Erlebnisse von Opfern verarbeitet werden und ihnen wird deutlich, dass solche Taten falsch sind. Dadurch könnte auch verhindert werden, dass aus Opfern potentielle Täter werden. Ein dritter sehr wichtiger Aspekt ist die Sensibilisierung der Eltern und anderer Erwachsenen, die mit Kindern arbeiten. Viele Übergriffe fänden wahrscheinlich nicht statt, wenn die Menschen mit offeneren Augen Situationen erleben und für sich hinterfragen würden. Des Weiteren muss es Veränderungen in den neuen Medien, in diesem Fall das Internet, geben. Es ist für Kinder viel zu einfach auf Seiten zu gelangen, die einen Angriff ihrer Persönlichkeit und ihrer Würde darstellen. Dafür müssen die Kinder nicht mal großartige Mühen unternehmen, da durch ständige „Sexwerbungen" auf Seiten oder durch E-Mails die Neugierde von Kindern geweckt wird und schon sind sie nach entsprechendem Anklicken des Links auf diesen Seiten. Wünschenswert wäre wirklich ein Verbot bzw. eine stärkere Kontrolle von diesen Angeboten im Internet.

Ein weiterer positiver Effekt einer solchen Aufklärungsarbeit ist, dass sich Pädosexuellenbewegungen nicht in der Normalität der Gesellschaft verstecken könnten. Dieses ist nur daher möglich, da es sich noch immer um ein Tabu-Thema handelt und die Menschen nicht wirklich wissen, wie sie mit diesem Thema umzugehen haben und was richtig bzw. falsch ist.

Es wird bestimmt noch ein langer Weg sein, bevor die Gesellschaft einen vernünftigen Umgang mit dieser Thematik gefunden hat und es werden bestimmt noch viele unschuldige Kinder von Pädosexuellen missbraucht werden, aber der Weg, der gegangen werden muss, ist deutlich zu sehen. Nun muss nur der Mut und die Kraft aufgebracht werden, sich dieser Problematik zu stellen und ihr entgegenzuwirken.

14. Literaturverzeichnis

- American Psychiatric Association (APS): Diagnostic and Statistical Manual of Mental Disorders. 4th edn. Washington DC, 194.

- Arbeitsgemeinschaft Kinder- und Jugendschutz (AJS) Landesstelle NRW e.V.: Kinderpornografie – „... das ist wie gefressen werden...". Köln: Drei-W-Verlag, Essen. 1997

- Arbeitsgemeinschaft Kinder- und Jugendschutz (AJS) Landesstelle NRW e.V.: Kinder- und Jugendschutzrecht. 3.Ausgabe, Köln 2000

- Bange, D.: Die dunkle Seite der Kindheit. Sexueller Missbrauch an Mädchen und Jungen. Ausmaß – Hintergründe – Folgen. Köln, 1992.

- Bange, D. / Enders, U.: Auch Indianer kennen Schmerz. Sexuelle Gewalt gegen Jungen. Köln, 1995.

- Bange, D.: Nein zu sexuellen Übergriffen – Ja zur selbstbestimmten Sexualität: Eine kritische Auseinandersetzung mit Präventionsansätzen in: Arbeitsgemeinschaft Kinder- und Jugendschutz (AJS) Landesstelle NRW e.V. (Hrsg): Sexueller Missbrauch an Mädchen und Jungen - Sichtweisen und Standpunkte zur Prävention. 2. Auflage. Köln, 1998

- Bange, D.: Sexuelle Ausbeutung von Kindern – Hintergründe und Motive der Täter in: Deutsches Jugendinstitut (Hrsg.): Sexueller Missbrauch von Kindern: Dokumentation der Nationalen Nachfolgekonferenz „Kommerzielle sexuelle Ausbeutung von Kindern", Opladen. Leske + Budrich, 2002

- Beck, V.: Das Strafrecht ändern?: Plädoyer für eine realistische Neuorientierung der Sexualpolitik in: Leopardi, A. (Hrsg.): Der pädosexuelle Komplex. Berlin, Frankfurt (Main): Foerster, S.28-34, 1988
- Bernard, F.: Pädophile Gruppen in der Welt in: Leopardi, A. (Hrsg.): Der pädosexuelle Komplex. Berlin, Frankfurt (Main): Foerster, S.313-323, 1988
- Bischöfliche Pressestelle Mainz
  http://www.kath.de/bistum/mainz/mbn/2002/pm_paed_le h_220702.htm
- Brockhaus multimedial 2002, Bibliographisches Institut & F. A. Brockhaus AG, 2001
- Brongersma, E.: Das verfemte Geschlecht. Dokumentation über Knabenliebe. München, 1970.
- Bullens, R.A.R.: Ambulante Behandlung von Sexualdelinquenten innerhalb eines gerichtlich verpflichtenden Rahmens in: Ramin, G. (Hrsg.): Inzest und sexueller Missbrauch. Paderborn, 1993.
- Bundesministerium der Justiz. Gesetze im Internet: *http://jurcom5.juris.de/bundesrecht/index.html*. Ein Service der juris GmbH
- Bundschuh, C.: Pädosexualität: Entstehungsbedingungen und Erscheinungsformen, Opladen: Leske + Budrich, 2001
- Conte, J.R.: „The Effects of Sexual Abuse on Children: Results of a Research Projekt" in: Annals of the New York Academy of Science, 1988, Volume 528, S.310-326
- Davison, G.C. / Neale J.M.: Klinische Psychologie. Deutsche Bearbeitung herausgegeben von Martin Hautzinger. 5., aktualisierte Auflage, Weinheim: Psychologie Verlags Union, 1998.
- Deegener, G.: Sexueller Missbrauch – Die Täter. Weinheim, 1995.

- Deutsche Bischofskonferenz (DBK) *http://www.dbk.de*
- Deutscher Bundestag: 10. Sitzung des Deutschen Bundestages am Donnerstag, dem 14. November 2002 *http://www.bundestag.de/aktuell/a_prot/2002/ap15010.html*
- Die Pädo Seite *http://www.paedo.de/inhalt.html*
- Drewes, D.: Schützt unsere Kinder! Stoppt ihre sexuelle Ausbeutung! Augsburger Aufruf von Dr. Irene Epple-Waigel. Augsburg, 1997.
- Drewes, D.: Das Geschäft mit der Ware Kind. Kinderpornographie und Kindesmissbrauch – nicht nur online in: Heusohn, L. / Klemm, U. (Hrsg.): Sexuelle Gewalt gegen Kinder. Ulm: Klemm und Oelschläger, 1998.
- Drewes, D.: Kinderpornografie im Internet – Recht, Strafverfolgung und Sensibilisierung in: Deutsches Jugendinstitut (Hrsg.): Sexueller Missbrauch von Kindern: Dokumentation der Nationalen Nachfolgekonferenz „Kommerzielle sexuelle Ausbeutung von Kindern", Opladen. Leske + Budrich, 2002
- Duden Fremdwörterbuch, Band 5, neu bearbeitet und erweiterte Auflage, Mannheim; Wien; Zürich: Dudenverlag, 1990
- Enders, U. (Hrsg.): Zart war ich, bitter war's. Sexueller Missbrauch an Mädchen und Jungen. Erkennen – Schützen – Beraten. Köln, 1990
- Falardeau, W.: Das Schweigen der Kinder: Sexueller Missbrauch an Kindern- Die Opfer, die Täter, und was wir tun können, Stuttgart: Quell Verlag, 1998.
- Gerstendörfer, M.: Gegen alle Formen sexualisierter Gewalt: Kinderpornografie im Internet in: Deutsches Jugendinstitut (Hrsg.): Sexueller Missbrauch von Kindern: Dokumentation der Nationalen Nachfolgekonferenz

„Kommerzielle sexuelle Ausbeutung von Kindern", Opladen. Leske + Budrich, 2002

- Harten, H.C.: Zur Zementierung der Geschlechterrollen als mögliche Ursache für sexuellen Missbrauch – Sozialisationstheoretische Überlegungen zur Missbrauchsforschung in: Amann, G. & Wiplinger, R. (Hrsg.): Sexueller Missbrauch. Überblick zu Forschung, Beratung und Therapie. Ein Handbuch. 2. Auflage. Tübingen: dgvt-Verlag, 1998

- Herman, J. L.: Die Narben der Gewalt. Traumatische Erfahrungen verstehen und überwinden. München, 1993.

- Hirsch, M.: Realer Inzest. Psychodynamik des sexuellen Missbrauchs in der Familie. 3. Auflage. Berlin / Heidelberg, 1994.

- Hohmann, J. S.: Pädophilie Heute: Berichte Meinungen u. Interviews zur sexuellen Befreiung d. Kindes. 1. Aufl. Frankfurt/Main, Berlin: Foerster, 1980.

- Johannismeier, H.: Sexualität zwischen Männern und Mädchen in Sexualmedizin 5/1991, S.232-236, 1991

- Kentler, H.: Taschenlexikon Sexualität. Düsseldorf 1982

- Kirchensite – online mit dem Bistum Münster. *http://www.kirchensite.de*

- Kirchenvolksbewegung – Wir sind Kirche *http://www.wir-sind-kirche.de*

- Krausz, M. / Lucht, M. / Freyberger, H.J.: Suchterkrankungen in: Egle, T. / Hoffmann, S.O. / Joraschky, P. (Hrsg.): Sexueller Missbrauch, Misshandlung, Vernachlässigung. Erkennung und Therapie psychischer und psychosomatischer Folgen früher Traumatisierungen, 2. Auflage, Stuttgart: Schattauer Verlagsgesellschaft, 2000.

- Lackner, K.: Strafgesetzbuch mit Erläuterungen. 21. Auflage. München, 1995.

- Lautmann, R.: Die Lust am Kind. Portrait des Pädophilen. Hamburg: Ingrid Klein Verlag : 1994.

- Loch, W.: Die Krankheitslehre der Psychoanalyse: allgemeine und spezielle psychoanalytische Theorie der Neurosen, Psychosen und psychosomatischen Erkrankungen bei Erwachsenen, Kindern und Jugendlichen. Stuttgart, Leipzig: Hirzel Verlag, 1999.

- Lohaus, A. / Trautner, H.M.: Präventionsprogramme und ihre Wirksamkeit zur Verhinderung sexuellen Missbrauchs in: Egle, T. / Hoffmann, S.O. / Joraschky, P. (Hrsg.): Sexueller Missbrauch, Misshandlung, Vernachlässigung. Erkennung und Therapie psychischer und psychosomatischer Folgen früher Traumatisierungen, 2. Auflage, Stuttgart: Schattauer Verlagsgesellschaft, 2000.

- Metzner, W.: Zum Sex in die dritte Welt. Die Kinderschänder aus Germany in Stern 7/1996, 1996.

- Meyers großes Taschenlexikon: in 24 Bänden/hrsg. und bearb. von Meyers Lexikonredaktion, Mannheim; Leipzig; Wien; Zürich: BI-Taschenbuchverlag, Band 16 – 4. vollst. überarb. Auflage, 1992

- Moggi, F. / Clémencon, R.: Beziehungsnähe und Gewaltanwendung. Entstehungsbedingungen von Depressionen und interpersonalen Störungen bei inzestbetroffenen Frauen in: Psychosozial, 1993, 16 (2), S.7-24

- Outsem, R. van: Sexueller Missbrauch an Jungen. Forschung – Praxis – Perspektiven. Ruhnmark, 1993.

- Presseerklärung zur Petition gegen pädophiles Gedankengut *https://forum.anti-kinderporno.de/cgi_bin/ ikonboard.cgi?act=ST;f=5;t=171;st=0*

- Sachs, K.: „Was ist mit euren Männern los, dass sie um die halbe Welt reisen, um unsere Kinder sexuell zu missbrauchen?" – Von der Notwendigkeit, die Täter in Deutschland zu erforschen in: Deutsches Jugendinstitut

(Hrsg.): Sexueller Missbrauch von Kindern: Dokumentation der Nationalen Nachfolgekonferenz „Kommerzielle sexuelle Ausbeutung von Kindern", Opladen. Leske + Budrich, 2002

- Schauer, C.: Strafverfolgung von Kinderprostitutionstourismus – eine Einschätzung aus der Sicht eines Sozialprojektes in: Deutsches Jugendinstitut (Hrsg.): Sexueller Missbrauch von Kindern: Dokumentation der Nationalen Nachfolgekonferenz „Kommerzielle sexuelle Ausbeutung von Kindern", Opladen. Leske + Budrich, 2002

- Schindler, F.: Probleme und Handlungsmoglichkeiten Im Umfeld von Kinderpornografie aus Sicht von jugendschutz.net in: Deutsches Jugendinstitut (Hrsg.): Sexueller Missbrauch von Kindern: Dokumentation der Nationalen Nachfolgekonferenz „Kommerzielle sexuelle Ausbeutung von Kindern", Opladen. Leske + Budrich, 2002

- Schorsch, E.: Kinderliebe. Veränderungen der gesellschaftlichen Bewertung pädosexueller Kontakte in: Schmidt, G./Sigusch, V. (Hrsg.): Perversion, Liebe, Gewalt. Stuttgart, 1993.

- Schotterblume e.V.
  http://www.schotterblume.de/verein/news/060.htm

- Schulte-Markwort, M. / Marutt, K. / Riedesser, P. (Hrsg.): Cross-walk ICD-10 – DSM IV Klassifikation psychischer Störungen: eine Synopsis. 1. Aufl. Bern; Göttingen; Toronto; Seattle: Huber, 2002.

- © Spiegel Online 2002, 21. Oktober 2002, *http://www.spiegel.de/wissenschaft/mensch/0,1518,2191 88,00.html*

- © Spiegel Online 2002
  http://www.spiegel.de/sptv/magazin/0,1518,208133,00.html

- © Spiegel Online 2002
  http://www.spiegel.de/panorama/0,1518,206348,00.html

- © Spiegel Online 2002
  http://www.spiegel.de/panorama/0,1518,193261,00.html
- Steinhage, R.: Auswirkungen von sexuellem Missbrauch im Leben der Mädchen und Frauen in: Wannseeheim für Jugendarbeit Berlin (Hrsg.): Sexueller Missbrauch von Mädchen. Strategien zur Befreiung. Neue Materialien, vorgestellt auf der Fachtagung im Wanseeheim für Jugendarbeit Berlin vom 12.-16. Oktober 1985. Berlin, 1985, S. 40-54
- Steinhage, R.: Sexueller Missbrauch an Mädchen. Ein Handbuch für Beratung und Therapie. Hamburg, 1992.
- Stöckel, M.: Pädophilie: Befreiung oder sexuelle Ausbeutung von Kindern: Fakten, Myten – Frankfurt/Main; New York: Campus Verlag, 1998
- Stüben, O. c/o HAH: Juppheidi, Juppheida, Hausdurchsuchung, Razzia!" Seite 1, Hamburg, 1979. Aktualisierungen März 1996, April 1998.
- Taschenführen zur ICD-10-Klassifikation psychischer Störungen, Weltgesundheitsorganisation, 2.korrigierte und erg. Aufl. – Bern; Göttingen; Toronto; Seattle: Huber, 2001
- terre des hommes: *http://www.terre-des-hommes.de*
- terre des hommes: Alles käuflich? Kinderprostitution. Nr. 401.1156.00
- terre des hommes: Kinder sind keine Ware. Nr. 000.2138.00
- Thönnissen, A. / Meyer-Andersen, K.: Kinderschänder: Das geheime Geschäft mit der Kinderpornographie, 2. Auflage. München: Goldmann Verlag, 1992.
- United States Conference of Catholic Bishops, Washington, D.C. 20017
  http://www.usccb.org/bishops/norms.htm

- Verfügung der Stadt Frankfurt in: *http://www.ahs-online.de/fg-paedo/verbot.htm*
- VSG e.V.: Info für Kinder. München 1995, Vorlage: "Pedo O zo!", Vereniging Martijn, Amsterdam, Mai 1991.
- Wagner, T.: Griechische Liebe in: Leopardi, A. (Hrsg.): Der pädosexuelle Komplex, Berlin, Frankfurt (Main): Foerster, S.75-78, 1988
- © Westfalenpost *http://www.westfalenpost.de*
- Wildwasser Marburg e.V. (Hrsg.): Aus anderer Sicht. Sexuelle Gewalt gegen Mädchen und Frauen. Ursachen – Folgen – Widerstand. Marburg, 1992.
- Willenberg, H.: Essstörungen in: Egle, T. / Hoffmann, S.O. / Joraschky, P. (Hrsg.): Sexueller Missbrauch, Misshandlung, Vernachlässigung. Erkennung und Therapie psychischer und psychosomatischer Folgen früher Traumatisierungen, 2. Auflage, Stuttgart: Schattauer Verlagsgesellschaft, 2000.
- Wirtz, U.: Seelenmord. Inzest und Therapie. 12. Auflage. Kreuz-Verlag, 2001
- wissen.de GmbH , München, Alle Rechte vorbehalten powered by NIONEX *http://www.wissen.de*
- Wolter, J.: Pädophilie: Die verbotene Liebe. Flensburg, 1985.
- World Health Organisation (WHO): Classification of Mental and Behavioral Disorders – Clinical Descriptions and Diagnostic Guidelines. Geneva, 1992.
- Zaudig, M. / Sass, H.: Diagnostisches und Statistisches Manual Psychischer Störungen DSM-IV. Übers. nach d. 4. Aufl. d. 'Diagnostic and Statistical Manual of Mental Disorders' d. American Psychiatric Association. 3. Aufl. Göttingen: Hogrefe Verlag, 2001
- © ZDF heute, 14.11.2002, *http://www.heute.t-online.de/ ZDFheute/artikel/0,1367,HOME-0-2023091,00.html*

15.   Anhang

14.11.2002

http://www.heute.t-online.de/ZDFde/druckansicht/0,1986,2023091,00.html

Politik

Union und SPD weitgehend einig über schärferes Sexualstrafrecht

SPIEGEL ONLINE - 21. Oktober 2002, 19:13

URL:

http://www.spiegel.de/wissenschaft/mensch/0,1518,219188,00.html

Neurologen

Gehirntumor kann Pädophilie auslösen

Pressemitteilung der Deutschen Bischofskonferenz

URL: http://www.dbk.de

27.09.2002	PRD-064c	PRESSEMITTEILUNGEN DER DEUTSCHEN BISCHOFSKONFERENZ

1.1.1 Zum Vorgehen bei sexuellem Missbrauch Minderjähriger durch Geistliche im Bereich der Deutschen Bischofskonferenz

Leitlinien mit Erläuterungen

Einführung

Der sexuelle Missbrauch von Kindern und Jugendlichen wird zunehmend in unserer gesamten Gesellschaft und auch in der Kirche offenkundig. Er zeigt eine tiefgehende Krise an und ist für die Kirche eine Herausforderung zu einer Reinigung aus dem Geist des Evangeliums. Daher sehen wir Bischöfe uns in die Verantwortung gerufen.

Auch in Deutschland gibt es sexuellen Missbrauch Minderjähriger durch Geistliche. Diese Vergehen haben einen zerstörerischen Charakter gegenüber Kindern und Jugendlichen. Sie verletzen deren Würde und Integrität tief. Die Opfer werden in ihrer Entwicklung schwer geschädigt, bei ihnen und bei ihren Angehörigen wird großes Leid ausgelöst. Wenn ein Geistlicher sich an einem Kind oder Jugendlichen vergeht, verdunkelt er auch die christliche

Botschaft und die Glaubwürdigkeit der Kirche und fügt der kirchlichen Gemeinschaft schweren Schaden zu. Sexueller Missbrauch Minderjähriger ist darum nicht nur nach staatlichem Recht, sondern auch in der kirchlichen Rechtsordnung eine Straftat.

Sexueller Missbrauch Minderjähriger kann unterschiedliche Ursachen haben. Nicht jeder Fall ist auf eine pädophile oder ephebophile Neigung zurückzuführen. Eine Diagnose muss in jedem Fall differenziert erfolgen. Aus fehlenden Kenntnissen über die näheren Zusammenhänge sexuellen Missbrauchs Minderjähriger wurde häufig unangemessen reagiert. Im Blick auf die Opfer bedauern wir dies zutiefst. Heute steht fest, dass Pädophilie eine sexuelle Störung ist, die von der Neigung her strukturell nicht abänderbar ist und ephebophile Neigung als nur zum Teil veränderbar gilt. Die neuen Erkenntnisse helfen für die Zukunft, aber sie können die Vergangenheit nicht ungeschehen machen. Es ist uns Bischöfen als Verantwortliche für unsere Diözesen ein Anliegen, alles zu tun, um dem sexuellen Missbrauch Minderjähriger stärker entgegen zu wirken und Wiederholungstaten zu verhindern. Wir stellen zugleich fest, dass die allermeisten Geistlichen vorbildlich ihren Dienst verrichten.

Die folgenden Leitlinien, die von der Deutschen Bischofskonferenz in der Herbst-Vollversammlung 2002 verabschiedet worden sind, sollen eine einheitliche Vorgehensweise gewährleisten und in diözesaner Zuständigkeit umgesetzt werden.

Leitlinien

I. Zuständigkeit

1. Der Diözesanbischof beauftragt eine Person, die den Vorwurf sexuellen Missbrauchs Minderjähriger prüft.

Wer von sexuellem Missbrauch Kenntnis erhält, soll sich an die beauftragte Person wenden. Alle kirchlichen Mitarbeiter sind verpflichtet, Fälle, die ihnen zur Kenntnis gebracht werden, weiterzuleiten. Der Beauftragte recherchiert den Sachverhalt und ist Kontaktperson für die staatlichen Strafverfolgungsbehörden.

Ihm kann der Diözesanbischof einen Arbeitsstab aus Psychologen, Psychotherapeuten, Ärzten, Juristen, Theologen, Geistlichen und Laien, Männern und Frauen zur Seite stellen. Diözesanbischöfe können auch einen überdiözesanen Arbeitsstab einrichten.

Die Zuständigkeit für die Prüfung von Fällen sexuellen Missbrauchs Minderjähriger durch Ordensleute, die unter Gestellung in bischöflichem Auftrag tätig sind, liegt - unbeschadet der Verantwortung der Ordensoberen - bei der Diözese. In anderen Fällen bieten die Diözesen dem Ordensoberen Unterstützung an.

2. *Über die Zuständigkeit wird öffentlich informiert.*

Der Beauftragte wird im Amtsblatt der Diözese bekannt gemacht und die Öffentlichkeit darüber in Kenntnis gesetzt.

II. Prüfung und Beurteilung

3. *Jede Anzeige oder Verdachtsäußerung wird umgehend geprüft.*

Unmittelbar nach Kenntnisnahme eines Verdachts oder eines Vergehens leitet der Beauftragte die Prüfung ein.

Er führt mit dem Verdächtigten ein Gespräch, zu dem er einen Juristen hinzuzieht. Über das Gespräch wird ein Protokoll angefertigt, das von den Beteiligten zu unterzeichnen ist. Mit dem (mutmaßlichen) Opfer bzw. seinen Erziehungsberechtigten wird umgehend Kontakt aufgenommen. Aufgrund der protokollierten Tatbestände wird beurteilt und festgestellt, wie den Betroffenen am besten zu helfen ist und weiter vorgegangen werden muss.

Die Fürsorge der Kirche gilt zuerst dem Opfer. Dem Schutz des Opfers vor weiterem Missbrauch oder öffentlicher Preisgabe von Informationen wird besondere Sorgfalt gewidmet. Auch dem Verdächtigten gegenüber bleibt die Pflicht zur Fürsorge. Er steht bis zum Erweis des Gegenteils unter Unschuldsvermutung. Erweist sich der Verdacht als unbegründet, werden die notwendigen Schritte unternommen, den guten Ruf der Person wiederherzustellen.

4. *Der Diözesanbischof wird sofort unterrichtet.*

Die Verantwortung des Diözesanbischofs bleibt - unbeschadet der Einsetzung des Beauftragten - bestehen. Er wird unverzüglich nach Kenntnisnahme eines Verdachts oder eines Vergehens informiert.

III. Kirchliche Voruntersuchung

5.   *Bei Erhärtung des Verdachts wird eine kirchenrechtliche Voruntersuchung eingeleitet.*

Erhärtet sich der Verdacht, wird eine kirchenrechtliche Voruntersuchung gemäß c. 1717 CIC eingeleitet. Diese wird von einer geeigneten Person, die der Bischof bestimmt, durchgeführt. Je nach Sachlage wird entschieden, ob der Verdächtigte für die Dauer der Voruntersuchung von seinem Dienst freigestellt werden und sich von seinem Dienstort entfernt halten muss.

Zur kirchlichen Voruntersuchung sollen Fachleute aus den im I, 1. genannten Stab hinzugezogen und je nach den Bedingungen des Einzelfalls beteiligt werden.

6.   *Bestätigt die Voruntersuchung den Verdacht sexuellen Missbrauchs, wird der Apostolische Stuhl befasst.*

Gemäß dem Motuproprio über den Schutz der Heiligkeit der Sakramente (*Sacramentorum sanctitatis tutela*) vom 30.4.2001 wird der Diözesanbischof nach Abschluss der Voruntersuchung diesen Fall dem Apostolischen Stuhl zuleiten.

IV. Zusammenarbeit mit den staatlichen Strafverfolgungsbehörden

7.   *In erwiesenen Fällen sexuellen Missbrauchs Minderjähriger wird dem Verdächtigten zur Selbstanzeige geraten und ggf. das Gespräch mit der Staatsanwaltschaft gesucht (vgl. I, 1).*

In erwiesenen Fällen sexuellen Missbrauchs Minderjähriger wird dem Verdächtigten - falls nicht bereits eine Anzeige vorliegt oder Verjährung eingetreten ist - zur Selbstanzeige geraten und je nach Sachlage die Staatsanwaltschaft informiert. Kontaktperson für die staatlichen Strafverfolgungsbehörden ist der vom Bischof Beauftragte (vgl. Leitlinie I, 1). Wenn die Staatsanwaltschaft bereits aufgrund einer Anzeige recherchiert, wird mit ihr Verbindung aufgenommen.

V. Hilfen für Opfer und Täter

8.   *Dem Opfer und seinen Angehörigen werden menschliche, therapeutische und pastorale Hilfen angeboten.*

Der Beauftragte des Bischofs wird in einem persönlichen Gespräch mit dem

Opfer und seinen Angehörigen auch im Namen des Bischofs tiefes Bedauern zum Ausdruck bringen. In seinen weiteren Bemühungen wird er von fachlich ausgewiesenen Personen aus den Bereichen der Kinder- und Jugendpsychiatrie sowie der Psychagogik unterstützt. Die Hilfsangebote sind individuell verschieden, je nachdem, ob es sich um Kinder und Jugendliche oder um Erwachsene handelt, deren sexueller Missbrauch schon Jahre zurückliegt. Die Maßnahmen beziehen je nach Einzelfall auch die Familienangehörigen der Opfer (Eltern, Geschwister) mit ein. Finanzielle Unterstützung therapeutischer Maßnahmen ist im Einzelfall möglich.

9.   *Der Täter hat sich einer therapeutischen Behandlung zu unterziehen.*

Nach dem heutigen Stand der Wissenschaft erweist sich Pädophilie als von der Neigung her strukturell nicht abänderbar und Ephebophilie als nur zum Teil veränderbare sexuelle Störung. Unbeschadet dieser Erkenntnis trägt eine differenzierte diagnostische Abklärung und fachkundige Therapie dazu bei, Wiederholungsfälle zu verhindern und dem Täter ein Leben ohne Ausübung seiner sexuellen Störung zu ermöglichen. Eine Therapie wird in jedem Fall verlangt.

10.   *Die Menschen im Umfeld werden bei der Verarbeitung der Situation unterstützt.*

Im Umfeld von Täter und Opfer werden Maßnahmen zur Überwindung von Irritationen, Sprachlosigkeit und Trauer getroffen. Im Einzelfall wird, wenn nötig, ein Netzwerk angeboten, das einer Isolation des Opfers und seiner Familie entgegenwirkt.

VI. Kirchliche Strafmaßnahmen

11.   *Bei erwiesenem Vergehen wird der Täter mit einer Kirchenstrafe belegt.*

Unabhängig von der zivilrechtlichen Verfolgung und Ahndung werden kirchenrechtliche Strafmaßnahmen eingeleitet. Es können Sühnestrafen, die den Täter auf Dauer oder für eine bestimmte Zeit treffen, verhängt werden. Der genaue Umfang wird in einem Strafurteil durch das kirchliche Gericht oder ein Strafdekret, das die Glaubenskongregation bzw. der Diözesanbischof erlassen, festgelegt. In Einzelfällen wird eine Entlassung aus dem Klerikerstand notwendig sein.

12.   *Nach Verbüßung seiner Strafe werden dem Täter keine Aufgaben*

mehr übertragen, die ihn in Verbindung mit Kindern und Jugendlichen brin-
gen.

Geistliche, die sich des sexuellen Missbrauchs Minderjähriger schuldig gemacht haben, werden nach Verbüßung ihrer Strafe nicht mehr in Bereichen
eingesetzt, die sie mit Kindern und Jugendlichen in Verbindung bringen.

Es besteht eine dauerhafte Verpflichtung für den Täter, mit dem Beauftragten in der Diözese im Gespräch zu bleiben. Außerdem sind flankierende
Maßnahmen für seine weitere Lebensführung und Beschäftigung zu verein-
baren. Dazu gehört ständige Begleitung (geistliche Begleitung, therapeutische Begleitung, Einbindung in ein Netzwerk).

VII. Öffentlichkeit

13.   *Eine angemessene Information der Öffentlichkeit wird gewährleistet.*

Die entsprechende Information der Öffentlichkeit wird durch eine speziell mit
dieser Aufgabe betraute Person durchgeführt.

Um zusätzlichen Schaden für die Opfer oder eine ungerechtfertigte Diskri-
minierung der Täter zu vermeiden, wird die Öffentlichkeitsarbeit sich um eine Ausbalancierung zwischen notwendiger Transparenz und dem Persön-
lichkeitsschutz bemühen.

VIII. Prävention

14.   Die präventiven Maßnahmen in der Aus- und Fortbildung von Geistli-
chen werden verstärkt.

Die Aus- und Fortbildung der Geistlichen thematisiert im Rahmen der allgemeinen Persönlichkeitsbildung die Auseinandersetzung mit Fragen und Problemen der Sexualität, vermittelt Kenntnisse über Anzeichen sexuellen
Fehlverhaltens und gibt Hilfen für den Umgang mit der eigenen Sexualität.

Auch unterhalb der Schwelle strafrechtlicher Handlungen kann es Verhaltensweisen im pastoralen oder erzieherischen Umgang mit Kindern und Jugendlichen geben (z. B. Distanzlosigkeit oder vertrauliche Berührungen), die
zu meiden sind. Wenn im Einzelfall Anlass zu der Sorge besteht, dass ein
Verhalten auf pädophile Neigung hinweist, wird eine diagnostische Abklärung durchgeführt.

Die für die Aus- und Fortbildung Verantwortlichen werden auf Personen zugehen, die ein auffälliges Verhalten zeigen, um persönliche Schwierigkeiten in einem frühen Stadium thematisieren und Hilfen zur Bewältigung einleiten zu können.

15. *Versetzungen erfordern eine umfängliche Information.*

Für den Fall einer Versetzung (unbeschadet Leitlinie 12) oder bei Verlegung des Wohnsitzes von Geistlichen, die sich des sexuellen Missbrauchs Minderjähriger schuldig gemacht haben, wird der neue Dienstgeber oder kirchliche Obere, in dessen Bereich er sich künftig aufhält, über die besondere Problematik in Kenntnis gesetzt.

IX. Entsprechendes Vorgehen bei anderen kirchlichen Mitarbeitern

16. *Bei Missbrauch durch andere Mitarbeiterinnen und Mitarbeitern im kirchlichen Dienst wird entsprechend vorgegangen.*

Gegen Mitarbeiterinnen und Mitarbeiter im haupt- und nebenamtlichen kirchlichen Dienst, die sich sexuellen Missbrauchs Minderjähriger schuldig machen, wird im Einklang mit den jeweiligen arbeitsrechtlichen Regelungen entsprechend vorgegangen.

Personen, die sich sexuellen Missbrauchs Minderjähriger schuldig machen oder gemacht haben, werden auch in der ehrenamtlichen Arbeit mit Kindern und Jugendlichen in Pfarrgemeinden oder kirchlichen Verbänden nicht geduldet.

Fulda, den 26. September 2002

Anhang

Artikel aus der Westfalenpost:

05.04.2001 / LOKALAUSGABE / HAGEN
http://www.archiv.westfalenpost.de/main_mappe2.asp?file=1&docid=00029832
&verid=001
Kinderpornos bringen Sascha ins Gefängnis

05.04.2001 / LOKALAUSGABE / WETTER
http://www.archiv.westfalenpost.de/main_mappe2.asp?file=5&docid=00029712
&verid=001
Wieder Kinderpornos

15.08.2001 / LOKALAUSGABE / HAGEN
http://www.archiv.westfalenpost.de/main_mappe2.asp?file=2&docid=00097939
&verid=001
Pornohändler mimt den Kinderschützer

31.08.2001 / POLITIK / MANTEL
http://www.archiv.westfalenpost.de/main_mappe2.asp?file=1&docid=00104344
&verid=001
Eltern nach Casting besorgt

31.08.2001 / LOKALAUSGABE / HAGEN
http://www.archiv.westfalenpost.de/main_mappe2.asp?file=10&docid=0010444
6&verid=001
Fleischbeschau als Casting getarnt

19.11.2001
http://www.archiv.westfalenpost.de/main_mappe2.asp?file=1&docid=00133400
&verid=001
Kinderpornografie: Haft für Sascha W.

03.06.2002 / LOKALAUSGABE / HAGEN
http://www.archiv.westfalenpost.de/main_mappe2.asp?file=1&docid=00237493
&verid=001
Sascha W. lockt Kind in Missbrauchs-Falle

04.06.2002 / LOKALAUSGABE / HAGEN

http://www.archiv.westfalenpost.de/main_mappe2.asp?file=1&docid=00238209
&verid=001

Sex-Täter ist immer noch auf freiem Fuß

05.06.2002 / LOKALAUSGABE / HAGEN

http://www.archiv.westfalenpost.de/main_mappe2.asp?file=1&docid=00238532
&verid=001

Was muss eigentlich noch passieren?

06.06.2002 / LOKALAUSGABE / HAGEN

http://www.archiv.westfalenpost.de/main_mappe2.asp?file=1&docid=00239198
&verid=001

Sascha W. muss sofort seine Haft antreten

www.ingramcontent.com/pod-product-compliance
Lightning Source LLC
Chambersburg PA
CBHW022328280326
41932CB00010B/1267